자판기 SW 프로그램으로 SW 코딩을 배워봅시다!

생활 속 SW 코딩의 발견 ②

- SW코딩
- 컴퓨팅사고력
- 언플러그드
- 추상화
- 문제분해
- 자동화

저자 **이재호**(경인교육대학교 교수)
삽화 **Jisung Lee**(Palos Verdes Peninsula High School)

도서출판 정일

생활 속 SW 코딩의 발견 ②

1판1쇄 발행 2018년 8월 15일

저자 이재호
삽화 Jisung Lee

발행인 이병덕

편집 김정아
표지 강성민

발행처 도서출판 정일
등록날짜 1989년 8월 25일
등록번호 제 3-261호

주소 경기도 파주시 한빛로 11, 309-1704
전화 031)946-9152(대)
팩스 031)946-9153

isbn 978-89-5666-263-3(03000)

※ 이 책의 어느 부분도 발행인의 승인 없이 일부 또는 전부를 무단복제시
   저작권법 제 98조에 의거 3년 이하의 징역이나 3,000만원 이하의 벌금에 처합니다.
※ 이 도서의 국립중앙도서관 출판예정도서목록(CIP)은 서지정보유통지원시스템 홈페이지(http://seoji.nl.go.kr)와
   국가자료공동목록시스템(http://www.nl.go.kr/kolisnet)에서 이용하실 수 있습니다.
   (CIP 제어번호: CIP2018022569)

목차

두 번째 생활 속 SW 코딩의 발견 시리즈를 발간하면서… ……………………………………… 7
왜 자동판매기 SW 프로그램인가? ……………………………………………………… 11
컴퓨터의 아버지 ………………………………………………………………………… 14
세계 최초의 컴퓨터 프로그래머는 여성이었다. ……………………………………… 16
자동판매기의 등장 ……………………………………………………………………… 18
지금은 자동판매기의 전성시대다. …………………………………………………… 20

SW 코딩 테스트 1 SW 프로그램 구조 이해하기 ………………………………………… 23
SW 코딩 테스트 2 무료로 이용할 수 있는 자동판매기 이용하기(사용자 입장)(1) ……… 33
SW 코딩 테스트 3 무료로 이용할 수 있는 자동판매기 이용하기(사용자 입장)(2) ……… 41
SW 코딩 테스트 4 유료 자동판매기 이용하기(사용자 입장)(1) ……………………… 47
SW 코딩 테스트 5 유료 자동판매기 이용하기(사용자 입장)(2) ……………………… 55
SW 코딩 테스트 6 무료 음료수 제공 자동판매기 SW 코딩하기(1) ………………… 59
SW 코딩 테스트 7 무료 음료수 제공 자동판매기 SW 코딩하기(2) ………………… 63
SW 코딩 테스트 8 무료 음료수 제공 자동판매기 SW 코딩하기(3) (음료수가 없는 것을 '버튼'에 표시하기) ……………………… 67
SW 코딩 테스트 9 무료 음료수 제공 자동판매기 SW 코딩하기(4) (변수 'button'에 'ON' 값 저장하기) ……………………………… 73
SW 코딩 테스트 10 무료 음료수 제공 자동판매기 SW 코딩하기(5) (이용자가 음료수 선택 'button'을 눌렀는가를 확인할 수 있는 명령어(함수) 정의하기) ……………………………………… 77
SW 코딩 테스트 11 무료 음료수 제공 자동판매기 SW 코딩하기(6) (이용자가 어떤 음료수 선택 'button'을 눌렀는가를 확인하기(1)) …… 81
SW 코딩 테스트 12 무료 음료수 제공 자동판매기 SW 코딩하기(7) (이용자가 어떤 음료수 선택 'button'을 눌렀는가를 확인하기(2), 'button' 번호를 확인하는 함수 정의하기) ……………………… 85
SW 코딩 테스트 13 무료 음료수 제공 자동판매기 SW 코딩하기(8) (이용자가 선택한 음료수를 제공하는 함수 정의하기) ………… 89

SW 코딩 테스트 14 무료 음료수 제공 자동판매기 SW 코딩하기(9) (음료수별로 자동판매기에 저장하는 개수를 정의하고, 음료수를 제공한 후에 남은 음료수 개수 계산하기) ··· 93

SW 코딩 테스트 15 의사코드를 이해하자 ··· 97

SW 코딩 테스트 16 무료 음료수 제공 자동판매기 SW 코딩하기(10) (무료 음료수를 이용하기 위해서 '선택' 버튼을 '3초' 간 눌러야 하는 경우 가정하기) ·· 105

SW 코딩 테스트 17 상수를 선언하자 ··· 113

SW 코딩 테스트 18 유료 음료수 제공 자동판매기 SW 코딩하기(1) (가장 초보적인 SW 코딩하기) ··········· 121

SW 코딩 테스트 19 유료 음료수 제공 자동판매기 SW 코딩하기(2) (요금 투입을 확인하는 SW 코딩하기(선언 부분' 정의하기)) ········ 125

SW 코딩 테스트 20 유료 음료수 제공 자동판매기 SW 코딩하기(3) (요금 투입을 확인하는 SW 코딩하기(동작 부분' 정의하기)) ······ 129

SW 코딩 테스트 21 창조형 SW 코딩 작업의 시작 ··· 161

SW 코딩 테스트 22 단순한 자동판매기의 재고관리 SW 프로그램 만들기(1) ································· 169

SW 코딩 테스트 23 단순한 자동판매기의 재고관리 SW 프로그램 만들기(2) ································· 187

SW 코딩 테스트 24 단순한 자동판매기의 재고관리 SW 프로그램 만들기(3) ································· 193

참고문헌 ··· 199

두 번째
생활 속 SW 코딩의 발견
시리즈를 발간하면서...

저자가 "SW 코딩에 대한 오해와 진실을 논하다!"라는 주제로 지난 수 년 동안 수 백 차례의 특강을 진행하면서, 매번 강의에서 사용한 주제의 핵심은 '생활 속에 숨어 있는 SW 코딩의 발견'이었다. '생활 속 SW 코딩의 발견'에서 이야기 하고자 하는 핵심을 가능한 많은 분들이 알아 주셨으면 하는 마음에서 지금도 이와 같은 노력은 계속하고 있다.

2017년 3월 첫 번째 '생활 속 SW 코딩의 발견' 시리즈를 발간한 후에 많은 분들의 관심과 격려를 받았으며, 그 결과 '생활 속 SW 코딩의 발견 ①'은 '2017년 과학기술정보통신부 우수인증 과학도서'에 선정되는 영광을 누리기도 했다. 이제 두 번째 시리즈인 '생활 속 SW 코딩의 발견 ②'를 발간한다. 첫 번째 시리즈를 발간했을 때보다 더욱 절박한 마음으로...

SW 코딩에 대한 인식 변화...

10여년 전만해도 저자가 소프트웨어(Software: SW) 코딩 교육의 중요성과 필요성을 이야기할 때 적극적으로 동의하는 사람들을 찾기란 쉽지 않았다. 그러나 2018년 현재 SW 코딩 교육의 중요성과 필요성에 대하여 의문을 표하는 사람을 찾기란 쉽지 않다. 이와 같이 길지 않은 시간에 사람들의 생각이 180° 변하게 된 원인은 무엇일까? 그것은 세상이 변했기 때문이고, 세상이 변하게 된 결정적인 계기는 '4차 산업혁명 시대의 도래'가 큰 역할을 한 것으로 생각된다.

4차 산업혁명 시대는 '지능정보기술'의 시대이고, '지능정보기술'의 핵심은 'SW'다. 2011년 마크 엔드레슨(Mark Andreesen)이 월스트리트 저널(The Wall Street Journal)에 기고한 "왜 SW가 세상을 먹어치우고 있는가(Why Software Is Eating The World)"라는 제목의 에세이에서 예측한 SW의 영향력은 적중하였으며, 그 기세는 날로 거세지고 있다.

AlphaGo의 무서운 진화...

2016년 3월 우리나라뿐만 아니라 전 세계는 AlphaGo(알파고)의 충격에서 헤어나지 못하였다. AlphaGo는 바둑계의 레전드로 여겨졌던 이세돌 9단과의 대국에서 4 : 1로 승리하였다. 사실 대부분 사람들의 예상을 깬 충격적인 결과였다. 그러나 AlphaGo의 충격은 여기에서 그치지 않았다. AlphaGo는 진화를 거듭하면서, 새로운 이름을 가지게 되었다.

이세돌 9단과 대국한 AlphaGo는 AlphaGo Lee로, 중국의 커제 9단과 대국한 AlphaGo는 AlphaGo Master로 명명하였으며, AlphaGo Master는 커제 9단과의 대국에서 3 : 0으로 승리하였다. 이 사건 이후 AlphaGo는 더 이상 인간 바둑 기사(棋士)와의 대국이 필요하지 않다고 판단한 듯하다. 새롭고 획기적인 AlphaGo가 탄생하였으며, 이를 AlphaGo Zero로 명명하였다.

AlphaGo Zero는 이전의 AlphaGo와는 완전히 다른 방식으로 바둑을 학습하였다. 즉, AlphaGo Lee 와 AlphaGo Master는 천재 바둑 기사들이 바둑을 둔 내용을 기록한 엄청난 양의 기보(棋譜)를 빠른 속도로 공부하였으나, AlphaGo Zero는 기보를 전혀 공부하지 않았다. AlphaGo Zero는 바둑을 두는 방법을 공부한 후에 스스로 학습을 해나갔다. AlphaGo Zero가 72시간 동안 바둑 학습을 한 후에 AlphaGo Lee와 대국을 하였으며, 결과는 100 : 0으로 대승을 거두었다. 이것이 2017년 4월에 발생한 일이다. AlphaGo Lee의 충격이후 약 1년만의 일이다.

충격은 여기에서 그치지 않았다. AlphaGo Zero는 'Go'를 떼어냈다. 즉 Alpha Zero로 진화한 것이다. 'Go'를 떼어냈다는 것은 이제 더 이상 바둑에만 국한하지 않겠다는 것이다. 'Go'는 바둑(棋)의 일본어인 고(Go)를 의미하였기 때문이다. Alpha Zero는 일본 장기를 두는 방법을 공부하고 2시간 학습 후에 일본 장기 분야의 세계 챔피언 AI인 엘모(Elmo)를 이겼으며, 4시간 공부한 후에는 세계 체스 챔피언 AI인 스톡피시(Stockfish)를 이겼고, 8시간을 공부하고서는 AlphaGo Lee를 이겼다. 마지막으로 바둑 분야의 세계 챔피언 인공지능(Artificial Intelligence: AI)인 AlphaGo Zero를 이기는 데에는 단 하루인 24시간밖에 필요하지 않았다.

AI 전문가들의 예언...

너무나 빠른 속도로 AI SW가 세상을 먹어치우고 있다. AlphaGo의 사례뿐만이 아니다. 우리 주변에서 AI SW가 세상을 먹어치우고 있는 사례들을 너무나 쉽게 확인할 수 있다. 얼마 전 우리나라에서 개최된 '2018 평창 올림픽'의 소식에 대한 뉴스 기사 중 상당 부분을 '기자봇(기자 로봇)'이 작성하였다고 하며, 인간 투자자보다 뛰어난 수익률을 올린 '투자봇(투자 로봇)', 은행원의 일상 업무를 대신해 주는 '챗봇' 등에 대한 소식은 이미 잘 알려진 사실이다. 그 뿐인가, 암을 진단하는 '인공지능(AI) 의사'는 사람 의사보다 오진율이 낮다고 한다. 실제적으로 암환자들은 '인공지능 의사'의 의견을 사람 의사의 의견보다 신뢰하고 있다. 이제 더 이상 안전한 직종은 없는 시대가 다가오고 있는 것이다.

2017년 옥스퍼드대와 예일대 공동 연구팀의 발표는 우리에게 더 큰 충격을 주었다. 2024년에는 AI가 인간보다 번역을 더 잘하게 될 것이며, 2026년에는 AI가 고등학생 수준의 에세이를 작성할 수 있을 것이라고 발표한 것이다. 이뿐만이 아니라 2047년에는 인간과 비슷한 범용 AI가 탄생하고, 2049년이면 AI가 베스트셀러를 쓸 수 있을 것으로 예상하였다.

예상보다 빠르게 실현되고 있는 AI 전문가들의 예언…

저자가 이러한 발표를 접하고 느낀 점은 다음과 같았다. "2024년이면 이제 6년 정도가 남았는데, 과연 AI가 인간보다 번역을 잘 할 수 있을까?", "AI 전문가들이 너무 앞서나가는 것은 아닌가?" 하는 생각이었다. 그러나 이러한 생각은 2018년 5월 미국 캘리포니아 마운틴뷰에서 개최된 구글 개발자 컨퍼런스에서 구글 CEO(최고경영자)인 순다르 피차이(Sundar Pichai)의 발표를 보고서 완전히 바뀌게 되었다. 아… 멀지 않은 시기에 AI 전문가들의 예언은 실현되겠구나…

순다르 피차이의 발표 내용 중 AI 비서[1]의 활약을 소개한 2가지 사례를 정리하면 다음과 같다. 첫 번째 사례는 인간 주인대신에 미용실에 전화를 걸어서 예약을 잡는 것이었다. 이 과정에서 AI 비서는 미용실의 예약 담당자와 예약 시간과 관련하여 협상도 진행한다. 협상 중간에 "음.. 으흠"하는 말을 하면서 기다리기도 한다. 인간과 똑같은 발음과 억양을 구사함으로써 보는 사람들로 하여금 소름끼치게 한다.

두 번째 사례는 인터넷으로 예약하기 어려운 조그만 식당에 전화 예약을 하는 것이었다. 이 과정에서 AI 비서는 식당 종업원보다 영어를 더 잘한다. 발음도 좋고 이해도 빠르다. AI 비서가 이야기 하는 것을 잘 이해하지 못한 식당 종업원은 계속해서 동문서답을 한다. 마지막으로 상황을 확인한 AI 비서는 나이스하게 마무리한다.

---

[1] 구글은 이를 듀플렉스(Duplex)로 명명하였다.

미래 세대들은 무엇을 준비해야 하는가?

이상과 같은 이유로 인하여 요사이 SW 코딩에 대한 관심과 열기가 대단하다. 이러한 일들은 비단 우리나라만의 현상이 아니라 주요 외국도 마찬가지다. 전 세계가 SW 코딩에 열광하고 있는 것이다.

이와 같이 전 세계가 SW 코딩 교육에 열광하고 있는 이유는 미래 세대들이 AI SW로 무장한 기계(로봇)와의 경쟁에서 살아남아야하기 때문이다. 그렇기 때문에 AI 기계와 경쟁하기 위하여 "미래 세대들은 무엇을 준비해야 하는가?"가 화두이다. 대부분의 전문가들은 이를 위하여 SW 코딩 역량을 갖추는 것이 필요하다고 판단하고 있다.

전 세계가 분주히 움직이고 있다. 미래 세대들이 SW 코딩 역량을 계발할 수 있도록 다양한 노력을 시행하고 있다. 우리나라의 경우도 2018년부터 중학교에서 'SW 교육'을 정규교과목으로 시행하기 시작하였으며, 2019년에는 초등학교에서 'SW 교육'을 시작할 예정이다.

그러나 학교 교육만으로는 미래 세대들이 SW 코딩 역량을 충분히 계발할 수는 없는 것이 현실이다. 초등학교 6년 동안 총 17시간, 중학교 3년 동안 34시간의 SW 교육이 전부이기 때문이다. 절대적으로 교육 시간이 부족하기 때문에 미래 세대들의 경우 4차 산업혁명 시대의 핵심 역량을 계발하기 위하여 학교에서 진행하는 SW 교육에만 의존할 수 없는 것이다. '생활 속 SW 코딩의 발견 ②'의 발간이 이러한 현실적인 문제점을 조금이나마 개선하는 일을 할 수 있기를 기대한다.

2018년 7월

이재호

왜 자동판매기 SW 프로그램인가?

'생활 속 SW 코딩의 발견' 시리즈의 두 번째 주제는 '자동판매기'다. 왜 '자동판매기'를 두 번째 생활 속 SW 코딩의 발견 주제로 정했을까? 그 이유를 정리하면 다음과 같다.

(1) 자동판매기는 대중적이다.

SW 코딩 교육 소재는 대중적이어야 한다. 앞으로의 SW 코딩은 누구나 해야 하는 일이 될 것이라고 예상한다. 미래 세대들은 어떤 직종에서 어떤 일을 하건 상관없이 SW 코딩을 해야 할 것이고, 이용하기도 할 것이다. 그렇기 때문에 미래 세대들을 위한 SW 코딩 교육은 잘 알려진 주제를 이용하여 친숙하게 접근하는 것이 필요하다. 그런 측면에서 자동판매기를 모르는 사람은 없다. 누구나 이용할 수 있고 이용하고 있다. 그만큼 자동판매기는 일상생활에서 쓸모가 있다는 것이다. 이러한 이유에서 자동판매기는 미래 세대들을 위한 SW 코딩 교육 주제로 최적이다.

(2) 자동판매기는 다양하다.

SW 코딩 교육의 주제가 대중적이라고 해도, 다양한 사례를 발굴할 수 없다면 훌륭한 SW 코딩 교육 주제가 될 수 없다. 세상에 존재하는 자동판매기는 다양하다. 자동판매기가 대중화되기 시작한 초기에는 '커피 자동판매기' 정도가 알려져 있었으나, 요사이 자동판매기는 별의별 것이 다 있다. 대부분의 생활용품은 자동판매기로 판매되고 있다고 볼 수 있다. 특히, 요사이 최저임금의 인상 여파로 인하여 단순한 작업부터 복잡한 작업까지 자동판매기로 대체하고자 하는 시도가 많아지고 있으며, 앞으로는 더욱 심화될 것으로 예측된다.

(3) 자동판매기는 진화하고 있다.

자동판매기는 지금도 진화하고 있다. 정보통신기술(Information and Communication Technology

: ICT)의 발전에 힘입어 자동판매기가 진화하고 있는 것이다. 자동판매기의 천국인 일본에는 WiFi 장치를 설치한 자동판매기가 있다. 고객들은 자동판매기 근처에서 무료로 인터넷을 이용할 수 있다. 일본에는 자동판매기를 이용하고자 하는 고객이 미성년자인지 혹은 아닌지를 확인할 수 있는 장치를 설치한 것도 있다. 미성년자들이 자동판매기에서 담배를 구매하지 못하도록 장치를 설치한 사례다. 우리나라에는 한우, 한돈, 청과물과 같이 신선도를 유지해야 하는 상품을 판매하는 자동판매기가 있다. 사물인터넷(Inter of Things : IoT) 기술을 접목한 사례다. 최근에는 로봇 바리스타(Robot Barista)가 24시간 커피를 판매하는 자동판매기가 등장하였으며, 이러한 기술을 활용하여 프랜차이즈(franchise) 사업을 시작한 사례도 있다. 고객은 앱(App)으로 주문하고 정해진 시간에 자신이 주문한 커피를 픽업할 수도 있다. 결과적으로 정보통신기술의 발전에 따른 자동판매기의 진화로 인하여 자동판매기를 활용할 수 있는 영역도 확대되고 있다.

(4) 자동판매기는 그 종류가 다양하다.

세상에는 단순한 자동판매기에서부터 복잡한 자동판매기까지 다양한 종류의 것이 존재한다. 자동판매기가 동작하는 방식은 단순한 것부터 복잡한 것까지 다양하다. 자동판매기의 동작을 이해하기 위해서는 단순한 사고부터 복잡한 사고까지를 요한다. 그렇다는 것은 단순한 SW부터 복잡한 SW까지 다양한 종류가 탑재되어 운영 중이라는 것이다. SW 코딩 교육의 시작은 단순한 자동판매기를 이용하고, 조금씩 난이도를 올려가면서 교육할 수 있다. 더 나아가서는 세상에 없는 창의적인 자동판매기를 개발할 수도 있으며, 자동판매기 SW 프로그램 개발을 발명의 과정과 연계할 수 있다. 스토리텔링을 입혀가면서 전체를 하나의 주제로 SW 코딩 교육을 할 수 있는 것이다. 이러한 의미에서 자동판매기는 창의적인 융합역량과 기업가정신(entrepreneurship)으로 무장해야 하는 미래 세대들을 위한 최적의 SW 코딩 교육 주제 중 하나다.

(5) 자동판매기는 재미있다.

자동판매기는 줄여서 '자판기' 라고 한다. '자판기' 를 주제로 한 장난감은 일반적이다. 얼마 전 이름이 '자판기' 인 카페가 서울의 망원동에 오픈하였다. 이 카페는 제목뿐만 아니라 들어가는 입구(문)가 자판기 모양이다. 미리 알고 가지 않으면 일반적인 자판기로 착각할 수도 있다. 지금은 지역 명물이 되었다. 심지어는 외국 관광객까지 방문하는 장소가 되었다. 저자가 주말에 카페의 자판기 문을 직접 사진 촬영하려고 방문했을 때는 엄청난 유명세를 치르고 있는 것을 확인했다. 사진 촬영을 위해서 한 참을 기다려야 했기 때문이다. 고양시의 대형 쇼핑몰에는 중고책 자동판매기인 '설렘' 자판기가 설치되었다. 자판기 이름이 '설렘' 인 이유는 자신이 원하는 물건을 직접 고르는 것이 아니라, '장르' 만을 고를 수 있기 때문이다. 고객이 읽기 원하는 장르를 선택하면, '설렘' 자판기는 고객이 선정한 장르의 중고책을 제공한다. 이 때 '설렘' 자판기가 제공하는 중고책은 청계천의 중고책 서점 주인들이 선정한 것이라고 한다. 중고책 서점들이 서서히 문을 닫아가는 현실을 안타깝게 여긴 대학생들의 사회봉사 프로젝트라고 한다. 이 모든 것이 자동판매기라는 주제를 가지고 일어난 것이다. 앞으로 어떤 자동판매기가 등장할지가 매우 궁금하다.

(6) 자동판매기는 우리의 호기심을 자극한다.

그렇다면 가장 단순한 자동판매기는 무엇인가?
세상에서 가장 대중적인 자동판매기는 무엇이라고 생각하는가?
그리고 가장 복잡한 자동판매기는 무엇인가?
세상에서 가장 기상천외한 자동판매기는 무엇이라고 생각하는가?
자신이 경험한 가장 기발한 자동판매기는 무엇인가?
자신이 생각하는 가장 유용한 자동판매기는 무엇인가?
자동판매기 설치가 가장 필요한 곳은 어디라고 생각하는가?
자동판매기에 포함될 수 있는 것은 무엇인가?
SW 코딩 교육 측면에서 SW 코딩 전략들이 숨어있는 자동판매기는 무엇인가?
투명한 음료수 자동판매기는 무엇을 위한 것인가? 기계적인 작동 방식을 보여주기 위한 것인가?
...

컴퓨터의 아버지

첫 번째 컴퓨터의 아버지
찰스 바베지(Charles Babbage, 1871~ 1871)

첫 번째 컴퓨터의 아버지로 인식되는 인물은 '차분 엔진(Difference engine)'과 '해석 엔진(Analytical engine)'의 설계자로 알려진 찰스 바베지(Charles Babbage, 1871년 12월 26일 ~ 1871년 10월 18일)다. 영국의 수학자이며 과학자인 찰스 바베지가 컴퓨터의 아버지로 불리게 된 이유는 무엇일까?

그것은 그가 설계한 '차분 엔진'과 '해석 엔진' 때문인 것으로 판단된다. 현재에 와서 컴퓨터(Computer)의 용도는 상상을 초월할 정도로 넓어졌으나, 원래 컴퓨터는 계산(compute)하는 장치를 의미하였다.

찰스 바베지는 많은 양의 수치 계산을 자동으로 처리해줄 수 있는 장치 개발에 몰두한 사람이다. 그는 증기기관을 이용하여 자동으로 계산을 할 수 있는 장치인 차분 엔진을 고안하였다. 일종의 기계식 컴퓨터를 고안한 셈이다. 그는 더 나아가 범용(general-purpose) 컴퓨터로 인식되는 해석 엔진을 고안하였다.[2]

이 시기에 인연을 맺은 사람이 에이다 러브레이스이며, 이 인연은 찰스 바베지가 컴퓨터의 아버지로 인식되는 이유 중 하나로 작용했을 것으로 생각된다. 에이다 러브레이스가 세계 최초의 컴퓨터 프로그래머로 인식되는 이유는 해석 엔진의 탁월함을 알고리즘으로 표현하였기 때문이다.

두 번째 컴퓨터의 아버지로 인식되는 인물은 '튜링 머신(Turing machine)'과 '튜링 테스트(Turing

---

2) Doron Swade(2001). The Cogwheel Brain : Charles Babbage and the Quest to Build the First Computer. Abacus; New Edition.

두 번째 컴퓨터의 아버지
앨런 튜링(Alan Turing, 1912~1954)

test)'의 제안자로 알려진 앨런 튜링(Alan Turing, 1912년 6월 23일 ~ 1954년 6월 7일)이다. 영국의 수학자인 앨런 튜링이 두 번째 컴퓨터의 아버지로 불리게 된 이유는 무엇일까?

앨런 튜링은 2015년 2월 영화 이미테이션 게임(The Imitation Game)이 국내에 개봉되면서 일반인들에게 널리 알려진 인물이다. 영화를 보면 알 수 있듯이 2차 세계대전 당시 불가능한 것으로 여겨지던 독일의 암호 시스템인 에니그마(Enigma)[3]를 앨런 튜링의 집념으로 해독할 수 있었으며, 이것은 2차 세계대전을 연합군의 승리로 이끌어낸 결정적인 사건이었다. 그러나 영화에서는 앨런 튜링이 컴퓨터의 아버지로 불리게 된 결정적인 이유는 나오지 않는다.

1937년 런던 수학회 논문지에 "계산 가능한 수와 결정문제의 응용에 관하여(On Computable Numbers, with an Application to the Entscheidungsproblem)"라는 앨런 튜링의 논문이 게재되었다. 이 논문에서 앨런 튜링은 인간의 논리적 사고를 기계에 비유한 구상인 '튜링 머신'을 발표하였으며, 이것은 컴퓨터의 이론적인 원형으로 여겨지게 된다.

2차 세계대전이 끝난 후에 앨런 튜링은 좀 더 진보한 아이디어 개발에 집중한다. 그 결과 1950년 계산 기계와 지능(Computing machinery and intelligence)이라는 논문이 옥스포드 대학교에서 발간하는 '정신 : 심리학·철학에 대한 계간 비평'에 게재된다. 앨런 튜링은 이 논문에서 인공지능 실험인 '튜링 테스트'를 이야기 하였다.

이러한 사실이 앨런 튜링이 컴퓨터의 아버지로 불리는 이유일 것으로 생각한다. 1966년 미국 컴퓨터 학회(Association for Computing Machinery: ACM)는 앨런 튜링의 업적을 기리기 위하여 그의 이름을 딴 튜링상(Turing Award)을 제정하였으며, 이는 컴퓨터 분야의 노벨상으로 인식되고 있다.

---

3) 에니그마는 독일어로 수수께끼라는 의미다.

세계 최초의
컴퓨터 프로그래머는
여성이었다.

세계 최초의 컴퓨터 프로그래머로 인정받는 사람은 여성이며, 그녀의 이름은 에이다 러브레이스(Ada Lovelace, 1815년 12월 10일 ~ 1852년 11월 27일)다. 에이다 러브레이스는 영국의 낭만파 시인 조지 고든 바이런(George Gordon Byron, 1788년 1월 22일 ~ 1824년 4월 19일)의 딸이며, 36세에 세상을 떠난 천재 과학자다.

그렇다면 에이다 러브레이스가 세계최초의 컴퓨터 프로그래머로 인정받는 이유는 무엇일까? 에이다 러브레이스가 살던 19세기에는 현대식 컴퓨터가 없었다는 것을 우리는 잘 알고 있다. 컴퓨터가 없었는데 어떻게 컴퓨터 프로그래머가 존재할 수 있다는 말인가?

에이다 러브레이스는 찰스 바베지가 고안한 해석 엔진의 숨어있는 능력을 꿰뚫어 본 최초의 사람으로서, 찰스 바베지의 아이디어를 구현하는 데 결정적인 도움을 주었다. 에이다 러브레이스는 다른 과학자들이 알아보지 못한 해석 엔진의 탁월함을 발견하였다. 즉, 다른 과학자들은 해석 엔진을 거대한 계산기로만 인식하였지만, 에이다 러브레이스는 훨씬 다양한 일처리가 가능한 장치로 인식한 것이다. 그녀는 아마도 해석 엔진을 컴퓨터라는 미래 장치로 상상했을 것이다. 에이다 러브레이스는 상상에만 그치지 않고 해석 엔진이 탁월한 능력을 발휘할 수 있도록 구체적인 방안을 알고리즘(algorithm)으로 정의하였으며, 이 때 정의한 알고리즘을 세계 최초의 컴퓨터 프로그램으로 인정하였기 때문에 에이다 러브레이스는 세계 최초의 컴퓨터 프로그래머가 된 것이다.

세계 최초의 여성 프로그래머 에이다 러브레이스(1815~1852)

에이다 러브레이스는 찰스 바베지가 고안한 해석 엔진의 능력을 처리하는 방법을 알고리즘으로 표현하였다. 이 때 지금 컴퓨터 프로그램에서 사용하는 주요 개념인 반복(LOOP), 선택(IF), 분기(JUMP) 등의 명령어를 정의하였으며, 서브루틴(subroutine)의 개념도 정의하고 사용하였다.

1979년 후세 컴퓨터 과학자들은 미국 국방성(Department of Defense : DoD)을 위한 프로그래밍 언어를 개발하였으며, 이 때 현대적인 컴퓨터 과학의 발전에 혁격한 공헌을 한 에이다 러브레이스를 기리기 위하여 그들이 개발한 프로그래밍 언어를 에이다(Ada)라고 명명하였다.

결론은 무엇인가? 세계 최초의 컴퓨터 프로그램은 컴퓨터 언어가 아닌 인간의 언어를 이용하여 아이디어를 표현한 것이다. 프로그램은 컴퓨터 언어로만 작성될 수 있는 것은 아니다. 핵심은 이것이다. 아이디어를 논리정연하게 표현하는 것은 모두 프로그램인 것이다.

자동판매기의 등장

그리스 수학자 헤론(Heron)

자동판매기란 '물건을 자동으로 판매하는 기계'다. 자동판매기의 역사는 2000년이 훨씬 넘는다고 한다. 가장 오래된 자동판매기는 BC 215년 이집트 알렉산드리아의 신전(神殿)에 설치된 성수(聖水) 자동판매기라고 하며, 이 내용은 그리스의 수학자인 헤론(Heron)이 기원전 62년에 출간한 <공기역학(Pneumatika)>에 소개하였다고 한다. 성수 자동판매기의 작동 원리는 다음과 같다. 그리스의 동전인 드라크마(drachma)를 기계에 올려놓으면 구멍이 열리면서 성수가 흘러나오고 그 무게를 감지해 지렛대가 기울어지고 동전은 통에 떨어지는 지렛대 원리가 사용되었다. 돈이 통에 떨어진 뒤에는 지렛대가 다시 기울어 물통의 구멍이 막히는 시스템으로 구동되는 것이다.[4)5)]

최초의 상업용 자동판매기는 담배를 자동으로 판매하기 위하여 18세기 영국에서 개발되었으며, 최초로 특허가 등록(1857년 3월 11일)된 자동판매기는 영국 요크셔 웨이크필드(Wakefield)의 시메온 덴함(Simeon Denham)의 우표 자동판매기였으나 상용화되지는 않았다고 한다. 미국에 자동판매기가 상업적인 용도로 사용되기 시작한 것은 발명가인 토마스 아담스(Thomas Adams)가 개발한 츄잉 껌(Chewing Gum) 자동판매기가 1888년에 미국 뉴욕(New York)시 지하철에 설치되면서부터라고 알

---

4) 고동환(2015). [Design close up] 자동판매기의 진화, 인류 최초의 성수(聖水) 자판기부터 체온감지 자판기까지. 특허청(http://www.kipo.go.kr/). (검색일: 2018. 1. 19.).
5) 유명준(2017). [밀물썰물] 자판기의 진화. 부산일보(http://news20.busan.com/). (검색일: 2018. 1. 9.).

츄잉검 자판기를 최초로 발명한
토마스 아담스(Thomas Adams, 1818~1905)

려져 있으며, 이 때 설치된 츄잉 껌 자동판매기의 이름은 이탈리아어로 '모든 과일'을 뜻하는 튜티 프루티(Tutti-Frutti)였다고 한다.6)

자동판매기의 도움을 가장 많이 받은 물건은 음료수다. 음료수 자동판매기가 우리 생활에서 본격적으로 활용되기 시작한 것은 1935년 코카콜라(Coca Cola) 사가 동전 투입식 자동판매기에서 병 음료를 판매하면서부터라고 한다. 우리나라에서는 1970년대 후반 일본(日本)에서 커피 자동판매기를 들여온 것이 본격적인 자동판매기 사용의 시작이라고 한다.7)8)

---

6) 당시의 사람들이 신기한 물건으로 여겼을 것으로 예상되는 츄잉 껌 자동판매기를 쉽게 사용할 수 있도록 단계적인 사용 방법이 크게 쓰여 있으며, 껌이 없을 경우에는 껌이 나오는 슬롯이 닫힌다는 안내 문구가 쓰여 있다.
7) 고동환(2015). [Design close up] 자동판매기의 진화, 인류 최초의 성수(聖水) 자판기부터 체온감지 자판기까지. 특허청(http://www.kipo.go.kr/). (검색일: 2018. 1. 19.).
8) 유명준(2017). [밀물썰물] 자판기의 진화. 부산일보(http://news20.busan.com/). (검색일: 2018. 1. 9.).

지금은 자동판매기의 전성시대다.

현재는 어떠한가? 현재 우리가 살아가고 있는 세상은 이런저런 이유로 인하여 자동판매기의 전성시대가 되어가고 있는 실정이다.

자동판매기의 천국인 일본은 물론이고, 전 세계 모든 나라가 자동판매기에 푹 빠져있다. 사실 자동판매기하면 '음료수' 와 '커피' 자동판매기 정도가 전부라고 생각하였으나, 지금은 그 종류가 상상을 초월할 정도로 다양해지고 있다.

자동판매기의 다양화에 대한 대표적인 사례 중 하나가 '자동차' 자동판매기다. 미국의 온라인 중고차 매매회사인 카바나(CARVANA)는 테네시(Tennessee) 주 내슈빌(Nashville)에 5층 규모의 자동차 자동판매기를 설치하였으며, 싱가포르의 중고차 매매회사인 아우토반 모터스(Autobahn Motors)는 15층 높이의 자동차 자동판매기를 설치하였다. 최근에는 중국의 전자상거래 업체인 알리바바(Alibaba)가 스마트폰으로 주문하는 자동차 자동판매기 개발 계획을 발표하였다.

자동판매기 발전 추세는 정보통신기술(Information and Communication Technology : ICT)과의 융합으로 요약할 수 있다. 일본 도쿄 시내에 설치된 담배 자동판매기에는 전자 인식 장치가 달려있어서 담배를 사고자하는 고객의 피부와 주름살 등을 조사하여 담배를 구입해도 되는 연령의 성인인지 여부를 판별한다[9].

---

9) 류순식(2010). 자판기 진화…"못 파는 게 없네". 부산일보(http://news20.busan.com/). (검색일: 2018. 1. 9.)
10) 김위수(2017). KT-농협, 'IoT 스마트판매시스템' 구축…한우·한돈 무인판매. 아주경제(http://www.ajunews.com) (검색일 : 2017. 12. 31.)

그림 ❶ 미국 대형마트에 설치된 오렌지 주스 자동판매기 신선한 오렌지를 이용하여 즉석에서 주스로 만들어주는 자동판매기[12]

일본의 경우에는 이뿐만이 아니라 자동판매기에 WiFi 장치를 설치한 사례도 있어 WiFi 서비스를 이용하고자 하는 사람들이 WiFi 자동판매기 앞에 모여 있는 광경도 볼 수 있다고 한다. 우리나라의 경우 KT와 농협이 협업하여 '사물인터넷(Internet of Things : IoT) 스마트판매시스템'을 구축하여 한우와 한돈을 자동판매기에서 판매한다고 발표하였다[10]. 이뿐 아니라 꽃, 피자, 양말, 화장품, 넥타이 등도 누르면 톡 나오는 자동판매기 전성시대가 도래하였다[11].

그림 ❷ 독창적인 자동판매기(자동판매기를 매장의 문으로 이용한 사례[13])

---

11) 이유진, 이희수(2018). 꽃·피자서 양말까지 '누르면 톡'…자판기 전성시대. 매일경제(http://news.mk.co.kr/). (검색일: 2018. 1. 18.)
12) 2017년 7월 미국 LA 카운티의 월마트(Wall Mart)에 설치된 자동판매기를 촬영한 것이다. 오렌지 주스 자동판매기를 이용하는 사람들이 많다보니, 한 참을 기다린 후에야 사람들이 없는 자동판매기 사진을 촬영할 수 있었다.
13) 자동판매기가 상점의 문이 되었다. 서울 망원동에 위치한 카페의 이름이 자판기(Zapangi)다. 이 카페의 이름이 자판기인 이유는 출입문이 자판기 모양인 것이 가장 큰 이유다.

그림 ❸ 고양시 대형 쇼핑몰에 설치된 '설렘' 자동판매기(대학생들의 사회공헌 프로젝트)[14]

그림 ❹ 인천공항 제 2 터미널 면세 구역에 설치된 '로봇 커피 자동판매기'[15]

창의적으로 생각해봅시다!

이상에서 설명한 것과 같이 자동판매기의 용도는 무궁무진하기 때문에 다양한 종류의 자동판매기가 설치되어 운영 중이다. 여러분은 자동판매기를 주제로 무엇을 하고 싶은가? 창의적으로 생각해서 정리해봅시다.

---

14) 고양시의 대형 쇼핑몰 2층에 설치된 중고책 자동판매기다. 중고책을 판매하는 서점들이 사라져가는 현실을 안타깝게 여긴 대학생들이 고안한 사회공헌 프로젝트의 일환으로 설치되었다. 자동판매기가 좋은 일을 하고 있다.
15) 인천공항 제 2 터미널의 면세 구역에 '로봇 카페'가 오픈하였다. 로봇 카페의 핵심은 로봇 바리스타가 고객이 주문한 커피를 만든다는 것이다. 로봇 카페를 오픈한 기업은 로봇 바리스타를 활용한 프랜차이즈 사업을 진행하고 있다.

SW 코딩 테스트 01

SW 프로그램 구조 이해하기[16]

성공적인 SW 코딩 교육이 이루어지기 위해서는 SW 프로그램의 구조를 이해하는 것이 중요하다.
복잡해 보이는 SW 프로그램도 SW 프로그램의 구조를 알고 있으면 이해하기가 쉬워진다. 지금부터 SW 프로그램은 어떤 구조로 이루어지며, 어떤 특성이 있는지 살펴보자.

---

16) "이재호(2017). 생활 속 SW 코딩의 발견 ① 〈신호등 SW 프로그램의 발견〉 도서출판정일."의 68쪽부터 72쪽의 내용을 보완하였음.

1 SW 프로그램은 어떠한 구조로 구성되는가?

SW 프로그램의 구조는 무엇일까? SW 프로그램의 공통적인 구조는 있을까? SW 프로그램의 구조란 논리적인 제어의 흐름(logical flow of control)에 대한 것이다. 엄청나게 복잡해 보이는 프로그램도 사실은 다음과 같은 3가지 구조로 구성된다. 그것은 순차구조(Sequential structure), 선택구조(Selection structure), 반복구조(Iteration structure) 등이다.
초등학생들에게 SW 교육을 실시하기 위하여 개발된 모든 교과서에는 'SW 프로그램의 구조'를 이해하는 내용이 핵심적인 부분으로 다루어지고 있다.

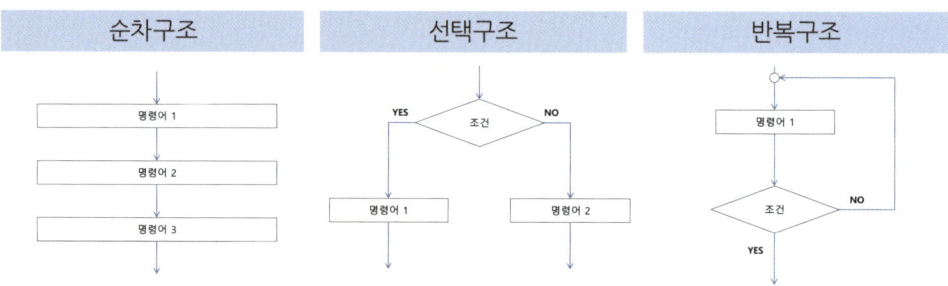

순서도 ❶ 순서도로 표현한 SW 프로그램 구조

기호	이름	의미
	단자 Terminal	순서도의 시작과 끝을 표시
	준비 Preparation	변수 Variable, 상수 Constant, 배열 Array 선언
	처리 Process	업무처리
	판단 Decision	조건의 참 True, 거짓 False 판단
	수동 입력 Console	키보드를 이용한 수동 입력
	입·출력 Input/Output	데이터의 입력과 출력
	문서 Document	처리된 결과 출력
→	흐름선 Flow Line	제어 Control의 흐름
○	연결자 Connector	연결 지점
	반복 Loop	반복수행

그림 ❺ 순서도 기호의 의미

2 순차구조

절차적으로 구성된 SW 프로그램의 가장 기본적인 구조는 순차구조다. 순차구조란 순서대로 SW 프로그램의 명령어가 구성된다는 것이다. 첫 번째 명령어(명령어 1)가 실행된 후에는 두 번째 명령어(명령어 2)가 실행되고, 두 번째 명령어가 실행된 후에는 세 번째 명령어(명령어 3)가 실행되는 구조다. 음료수 자동판매기를 이용하는 경우의 명령어 집합을 가정해 보자.

> ① (명령어 1) 음료수 자동판매기를 찾는다.
> ② (명령어 2) 음료수 자동판매기 앞에 선다.
> ③ (명령어 3) 원하는 음료수가 있는지 확인한다.

자연어 표현 ① 자연어를 이용한 음료수 자동판매기 활용 프로그램(1)

자연어로 표현된 명령어 집합 내용을 순서도로 표현하면 다음과 같다.

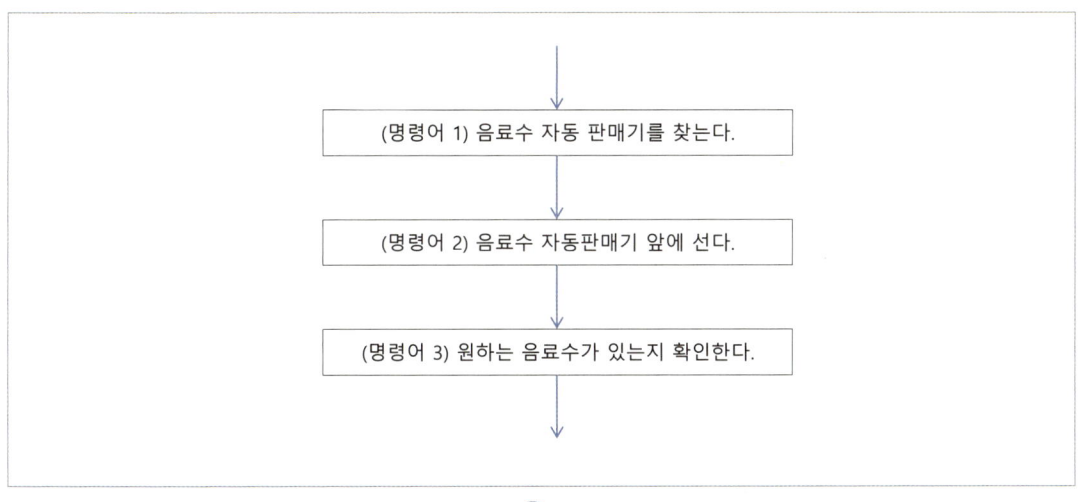

순서도 ② 순차구조 예

3 선택구조

절차적으로 구성된 SW 프로그램의 두 번째 구조는 선택구조다. 선택구조는 특정 조건(condition)을 만족하느냐, 만족하지 않느냐에 따라 실행 내용이 달라진다. 선택구조는 프로그램을 효과적으로 구성하는 데 필수적으로 필요한 도구다. 선택구조는 필요에 따라 여러 단계의 선택구조로 구성할 수도 있다. 자신이 원하는 음료수를 마시기 위하여 음료수 자동판매기 앞에 선 후, 원하는 음료수가 있는가를 확인하는 과정을 나타내는 명령어 집합을 가정해 보자.

① (명령어 1) 음료수 자동판매기를 찾는다.
② (명령어 2) 음료수 자동판매기 앞에 선다.
③ (명령어 3) 원하는 음료수가 있는지 확인한다.
④ (명령어 4) 원하는 음료수가 있으면 선택한다.
⑤ (명령어 5) 원하는 음료수가 없으면 다른 음료수 자동판매기를 찾는다.

자연어 표현 ❷ 자연어를 이용한 음료수 자동판매기 활용 프로그램(2)

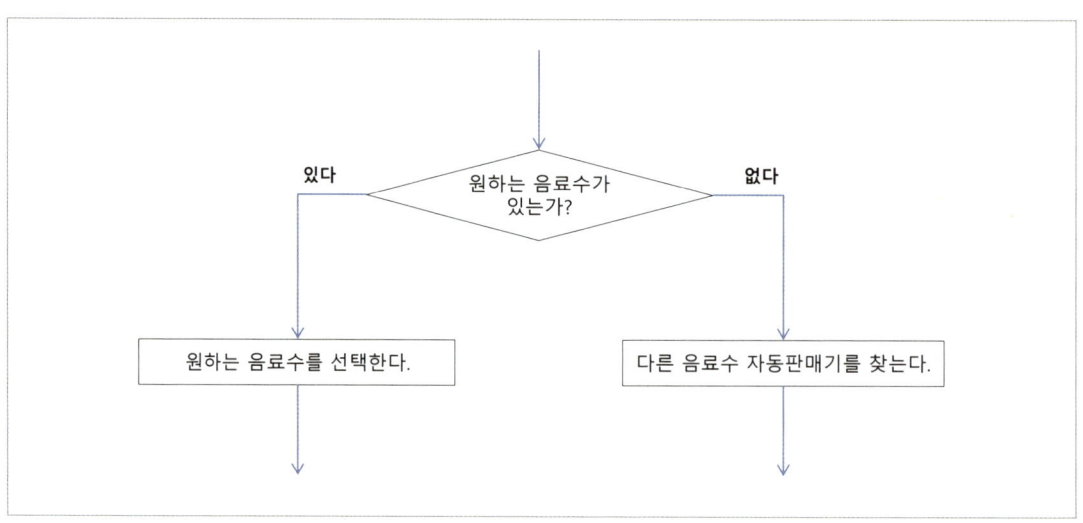

순서도 ❸ 선택구조 예

대부분의 경우에는 여러 단계의 선택을 해야 한다. 예를 들어 자신이 원하는 음료수 자동판매기가 없다면 다른 음료수 자동판매기를 찾아 나설 것인가? 아니면 포기하고 돌아갈 것인가를 결정해야 한다. 이와 같은 다중 선택구조를 표현한 것이 [자연어 표현 3]과 [순서도 4]이다.

① (명령어 1) 음료수 자동판매기를 찾는다.
② (명령어 2) 음료수 자동판매기 앞에 선다.
③ (명령어 3) 원하는 음료수가 있는지 확인한다.
④ (명령어 4) 원하는 음료수가 있으면 선택한다.
⑤ (명령어 5) 원하는 음료수가 없으면 다른 음료수 자동판매기를 찾을 것인지 결정한다.
⑥ (명령어 6) 다른 음료수 자동판매기를 찾기 원하면 찾으러 간다.
⑦ (명령어 7) 다른 음료수 자동판매기를 찾지 않을 것이면 돌아간다.

자연어 표현 ③ 자연어를 이용한 음료수 자동판매기 활용 프로그램(3)

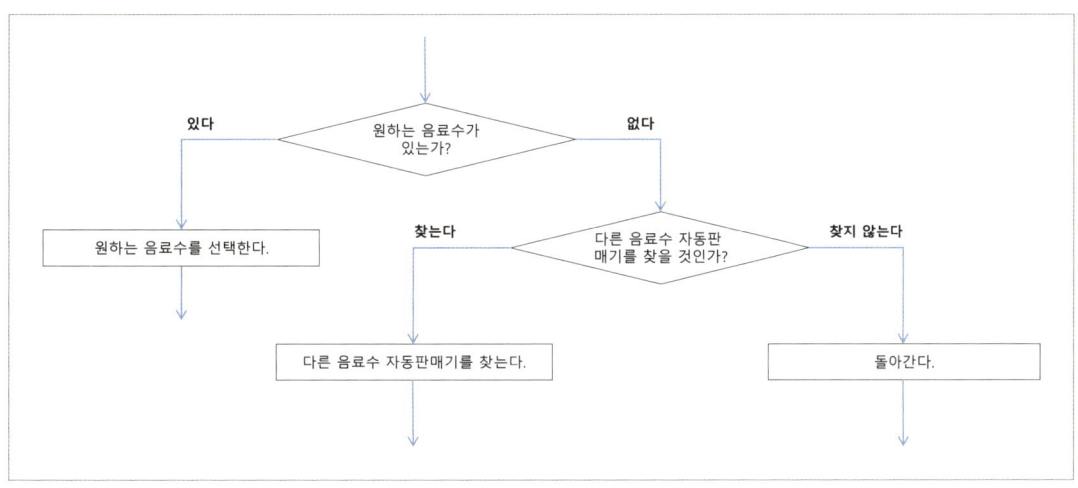

순서도 ④ 다중 선택구조 예

4 반복구조

절차적으로 구성된 SW 프로그램의 세 번째 구조는 반복구조다. 반복구조는 특정 조건을 만족할 때 까지 지정된 내용을 반복적으로 실행하는 것이다. 경우에 따라서는 특정 조건을 만족하지 않을 때 까지 지정된 내용을 반복적으로 실행할 수도 있다. 이것은 특정 조건식을 어떻게 지정하느냐에 달려 있는 것이다. 반복구조는 조건식의 상황에 따라 지정된 내용을 반복적으로 실행할 것인지, 아니면 끝낼 것인지를 결정하기에 선택구조의 변형구조라고 볼 수 있다. 3종류의 프로그램 구조 중에서 가장 복잡하고 어려운 것이 반복구조다. 자신이 원하는 음료수를 마시기 위하여 음료수 자동판매기 앞에 선 후, 원하는 음료수 버튼을 누르고 음료수가 나오는 것을 기다리는 과정을 나타내는 명령어 집합을 가정해 보자.

① (명령어 1) 원하는 음료수 버튼을 누른다.
② (명령어 2) 원하는 음료수가 나올 때까지 기다린다.

자연어 표현 ④ 자연어를 이용한 음료수 자동판매기 활용 프로그램(4)

자연어로 표현된 명령어 집합 내용을 순서도로 표현하면 다음과 같다.

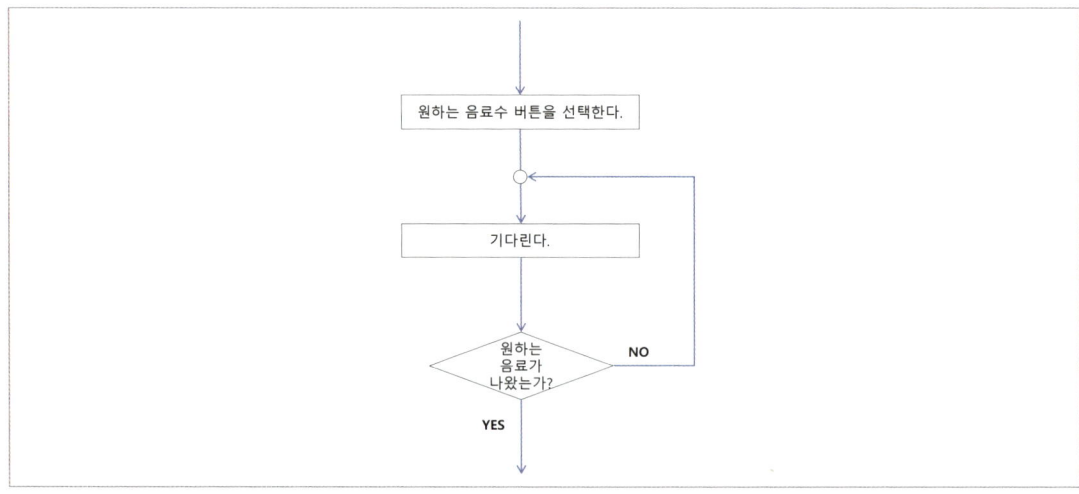

순서도 ⑤ 반복구조 예

5 선택구조가 포함된 반복구조

여러 개의 음료수를 구매하는 과정도 반복구조로 표현할 수 있다. 자동판매기에서 음료수 다섯 개를 구매하는 과정을 나타내는 명령어 집합을 가정해 보자.

① (명령어 1) 원하는 음료수 개수를 확인한다.
② (명령어 2) 원하는 음료수 버튼을 누른다.
③ (명령어 3) 원하는 음료수 개수가 되었는지 확인한다.
④ (명령어 4) 원하는 음료수 개수가 안 되었으면 (명령어 2)를 반복 시행한다.
⑤ (명령어 5) 원하는 음료수 개수가 되었으면 종료한다.

자연어 표현 ⑤ 자연어를 이용한 음료수 자동판매기 활용 프로그램(5)

[자연어 표현 5]의 내용을 확인하면 반복구조를 실행하기 위하여 선택구조가 포함되어 있다는 사실을 알 수 있다. 자동판매기에서 구매하고자 하는 음료수 개수가 될 때까지 반복하는 것이다. 이를 위해서는 원하는 음료수 개수가 되었는가를 확인해야 하며, 이는 선택구조인 것이다. 이상과 같은 내용을 순서도로 표현하면 다음과 같다.

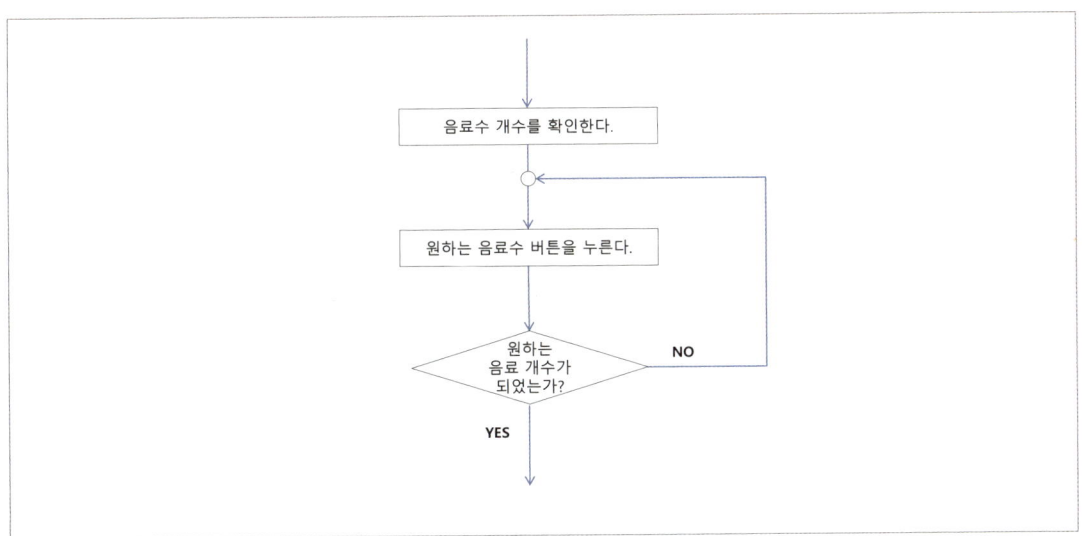

순서도 ⑥ 선택구조가 포함된 반복구조 예

6 절차적 사고란 무엇인가?

절차적으로 사고한다는 것은 무엇을 의미하는가?
우리는 매일 절차적으로 사고하고, 절차적으로 행동한다. 물론 예외적인 상황이 발생하는 경우도 존재한다. 절차적으로 사고하고, 절차적으로 행동하는 과정에서 돌발 상황이 발생할 수도 있다. 우리는 이러한 돌발상황을 인터럽트(interrupt)라고하기도 한다.

'순차적' 이라는 것은 순서에 따른 다는 것이다.

'순차적' 이라는 것은 말 그대로 '순서대로' 의 의미다. 결과적으로 '순차적 사고' 는 순서대로 사고하는 것이고, '순차적 행동' 은 순서대로 행동하는 것이다.

'절차적' 이라는 것은 절차에 따른 다는 것이다.

그렇다면 절차에 따른다는 것은 무엇을 의미하는가? 이것은 미리 정한 '규칙' 을 따른다는 의미를 포함한다. 그렇기 때문에 '절차적 사고' 를 위해서는 규칙을 규정하고 정리하고 따르는 역량을 갖추어야 한다. 절차는 결과의 정확성에 관심이 있다. 결과가 정확해야 절차적이기 때문이다. 결론적으로 절차적 사고를 한다는 것은 결과의 정확성까지 고려해서 사고하는 것이다.

사람들이 가장 많이 혼동하는 것은 무엇인가?

'절차적' 이라는 것을 '순차적' 이라는 것과 혼동하는 것이다.
'절차적' 으로 사고하는 과정에는 '순차적' 으로 사고하는 것은 기본이고, '특정 조건' 에 따라 '의사결정' 을 하여 '선택' 하는 과정이 포함되며, '특정 조건' 이 만족하거나 만족하지 않을 때까지 '반복' 적으로 수행하는 과정도 포함된다. 비슷한 조건이라면 '우선순위(priority)' 도 고려해야 한다. 이와 같이 절차적으로 사고하기 위해서는 주변의 '맥락(context)' 을 이해해야 한다.

모든 사람들이 '절차적' 으로 사고할 수 있다면 스마트한 사회가 구현될 것이다.

사람들은 절차적으로 사고하는 것이 쉽다고 생각한다. 그러나 실상은 그렇지 않다. 사실은 매우 어렵다. 그렇다면 사람들은 왜 '절차적' 사고가 쉽다고 생각하는 것일까? 사람들은 '절차적' 으로 정해진 또는 명시된 일들을 따라하는 것에 익숙하다. 아마도 사람들은 따라하는 과정을 자신이 주도적으로 '절차적'인 행동을 한다고 착각하는 것으로 생각된다. 미래 세대 학생들은 '절차적'으로 사고할 수 있는 역량을 계발해야 한다.

7 절차적 사고의 사례

절차적 사고를 이해하기 위해서 우리 실생활에서 경험하게 되는 사례를 살펴보자.
공항에서 흔히 볼 수 있는 상황을 생각해보자. 국내여행의 경우 40분전에는 탑승권(boarding pass)을 받아야 안전하고, 해외여행의 경우에는 2시간 전에는 탑승권을 받는 것이 안전하다. 그러나 살다보면 어찌어찌하여 일이 발생하게 된다. 예상하지 못한 일로 인하여 탑승 시간에 임박하여 공항에 도착하는 경우가 있다.

이런 경우 어떻게 처리하는가?

여유 있게 먼저 공항에 도착하여 탑승장으로 가기위해 줄을 서 있을 때, 뒤쪽에서 헐레벌떡 달려와서 탑승시간이 얼마 남지 않았으니 먼저 지나갈 수 있도록 양보해 달라고 요청하면 어떻게 하는가? 보통은 양보하게 된다. 딱한 사정(SW 코딩 입장에서는 '우선순위')을 고려하여 절차적으로 사고한 것이다.

그러나 순서(순차적 처리)만을 고집하여 시간이 얼마 남지 않은 사람들을 먼저 심사를 받을 수 있도록 배려하지 않는다면, 많은 사람들이 자신의 비행편을 놓치는 안타까운 일들이 발생할 것이다. 절차적으로 사고함으로써 더 좋은 세상, 스마트한 세상이 구현될 수 있는 것이다.

> **창의적으로 생각해봅시다!**
>
> 절차적 사고와 순차적 사고를 확인할 수 있는 사례들이 우리 생활 속에는 많이 존재한다. 절차적 사고와 순차적 사고를 실감나게 확인할 수 있는 실세계 사례를 창의적으로 찾아 정리해봅시다.

8 SW 코딩이란 무엇인가?

저자가 생각하는 SW 코딩은 "맥락을 이해하는 SW 글쓰기"다.

첫 번째 키워드는 '맥락(context)'이며, 이것이 핵심이다. 맥락이란 무엇인가? 맥락이란 전반적인 주변 상황을 고려하여 숨어있는 의미를 이해하는 것이다. 언뜻 보기에는 잘 드러나지 않는 사실이나, 놓치게 되면 치명적인 실수를 하게 되는 그런 사항들을 '맥락'이라고 설명할 수 있다. 맥락을 이해하는 것은 올바른 글쓰기의 첫 걸음이다. 맥락을 이해하지 못한 글쓰기는 그 내용이 산으로 가게 된다.

두 번째 키워드는 '글쓰기' 다. 누구나 글은 쓸 수 있다. 우리 주변에서 문맹(文盲, illiteracy)을 찾기란 쉽지 않다. 특히, 우리나라는 전 세계적으로 문맹률이 낮은 국가에 속한다. 그 이야기는 누구나 글을 쓸 수 있다는 사실과 일맥상통한다. 그런데 실상은 어떠한가? 우리 주변에서 글쓰기에 자신이 있다고 이야기하는 사람을 찾기란 어려운 일이다. 자신이 어떤 일을 이해하고 있는지 확인하고 싶다면, 글로 써보면 알 수 있다. 자신이 해야 하는 일에 대하여 간결하면서도 명확한 메시지를 전달하는 글쓰기가 가능하다면 정말로 이해하고 있는 것이다.

아직은 SW 코딩에 자신 있는 사람을 찾기 어렵다. 그러나 멀지 않은 미래에는 누구나 글을 쓰듯이 SW 코딩을 해야 하는 시대가 올 것이다. 결과적으로 이야기하자면 SW 코딩을 위하여 '맥락을 이해한 후에, 절차적인 방법으로 글 쓰는 작업' 을 해야 한다는 것이다.

SW 코딩 테스트 **02**

무료로 이용할 수 있는 자동판매기 이용하기
(사용자 입장)(1)

어린 아이들도 이용할 수 있는 자동판매기... 자동판매기는 어린 아이들도 어려움 없이 이용할 수 있다. 그것은 자동판매기가 단순하기 때문일 것이다. 이와 같이 단순한 자동판매기는 무엇이 있을까? 단순한 자동판매기도 여러 종류가 있다. 그중에서도 가장 단순한 자동판매기는 '버튼' 만 누르면 무료로 이용할 수 있는 자동판매기다. 무료로 이용할 수 있는 자동판매기는 어떻게 동작할까? 지금부터 내용을 확인해 봅시다.

1 무료 이용 자동판매기

세상에는 다양한 자동판매기가 존재한다. 그 중에서 가장 단순한 수준의 자동판매기는 무엇일까? 단순한 자동판매기는 사용자가 자동판매기의 '선택' 버튼을 누르면 동작하는 것이다. 이 때 사용자는 '요금'을 지불하지 않아도 되는 '무료 이용 자동판매기'가 가장 단순하다고 생각할 것이다.

이와 같이 가장 단순한 수준의 '무료 이용 자동판매기'는 어떻게 동작하는가? 사용자가 '선택' 버튼을 누르면 원하는 물건이 나오는 '자동판매기' 중에서도 가장 단순한 형태의 것은 '무료로 제공하는 음료수 자동판매기'다.

일반적으로 '무료로 제공하는 음료수 자동판매기'는 어디에 설치되어 있는가? 직원들의 복리후생 차원에서 휴게공간에 '무료로 제공하는 음료수 자동판매기'를 설치한 사례를 찾아볼 수 있다. 이러한 회사에 다니는 직원들은 정말 좋겠다! '무료로 제공하는 음료수 자동판매기'를 이용하는 절차를 표현해보자.

2 자연어로 표현하기

'무료로 제공하는 음료수 자동판매기'를 이용하는 내용을 자연어로 표현하면 다음과 같다.

---

① '무료로 제공하는 음료수 자동판매기'를 찾는다.
② "음료수 자동판매기에 자신이 원하는 음료수가 있는가?"를 확인한다.
③ 원하는 음료수가 있으면 '선택' 버튼을 누르고, 원하는 음료수가 없으면 다른 자동판매기를 찾는다.
④ '선택' 버튼을 누른후에는 "원하는 음료수가 나왔는가?"를 확인한다.
⑤ 음료수를 꺼낸다.

자연어 표현 ⑥ 무료 자동판매기 이용 프로그램(1)

3 순서도로 표현하기

'무료로 제공하는 음료수 자동판매기'를 이용하는 내용을 순서도로 표현하면 다음과 같다.

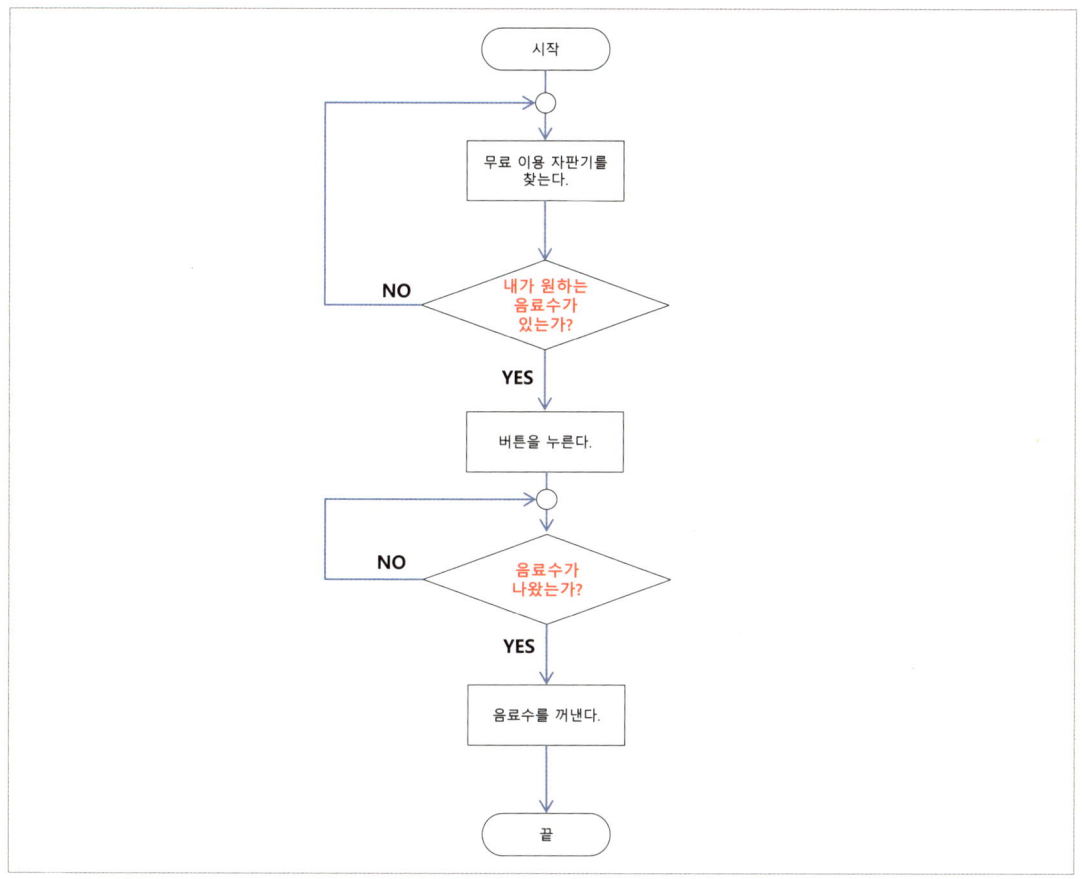

순서도 ❼ '무료로 제공하는 음료수 자동판매기' 이용하기

창의적으로 생각해봅시다!

순서도를 작성하는 사람마다 그 내용은 다를 수 있다. 순서도를 이용하여 표현할 수 있는 방법은 다양하기 때문이다. 그 중에서 좋은 순서도도 있고, 나쁜 순서도도 있다. [순서도 7]의 표현 내용과는 다른 순서도를 창의적으로 생각해봅시다.

4 '맥락'을 추가하자!

사용자 입장에서 '무료로 제공하는 음료수 자동판매기'를 이용하는 절차를 표현한 [순서도 7]의 내용 중에 누락된 것은 없는가? 사용자 입장에서 '무료로 제공하는 음료수 자동판매기'를 이용할 때 고려하는 중요 맥락은 "내가 원하는 음료수가 있는가?"와 "자동판매기가 동작하는가?"로 생각할 수 있다. 그렇다면 [순서도 7]은 어떤 맥락이 누락된 것인가? "내가 원하는 음료수가 있는가?"는 확인하였으나, "자동판매기가 동작하는가?"는 확인하지 않았다. 이를 추가해야 한다.

5 맥락을 추가한 내용을 자연어로 표현하기

'무료로 제공하는 음료수 자동판매기'에 맥락을 추가한 내용을 자연어로 표현하면 다음과 같다.

① '무료로 제공하는 음료수 자동판매기'를 찾는다.
② "무료로 제공하는 음료수 자동판매기가 정상적으로 동작하는가?"를 확인한다.
③ 정상적으로 동작하면, "음료수 자동판매기에 자신이 원하는 음료수가 있는가?"를 확인하고, 정상적으로 동작하지 않으면 다른 자동판매기를 찾는다.
④ 원하는 음료수가 있으면 '선택' 버튼을 누르고, 원하는 음료수가 없으면 다른 자동판매기를 찾는다.
⑤ '선택' 버튼을 누른후에는 "원하는 음료수가 나왔는가?"를 확인한다.
⑥ 음료수를 꺼낸다.

자연어 표현 7 무료 자동판매기 이용 프로그램(2)

6 맥락을 추가한 내용을 순서도로 표현하기

자동판매기의 정상 작동 여부를 확인하는 '맥락'을 추가한 '무료로 제공하는 음료수 자동판매기'를 이용하는 내용을 순서도로 표현하면 다음과 같다.

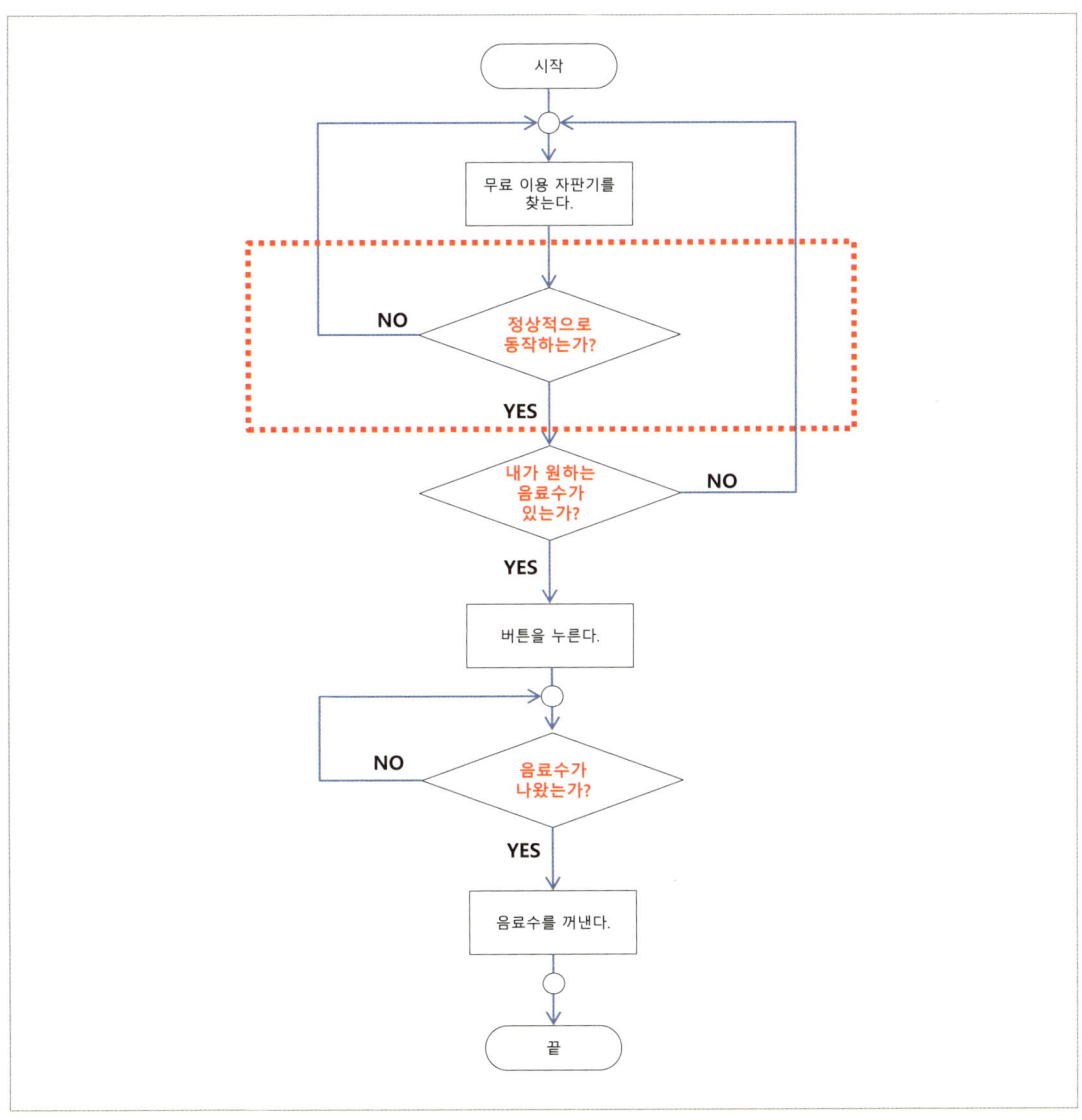

순서도 ❽ '맥락'을 추가한 '무료로 제공하는 음료수 자동판매기' 이용하기

7 '맥락'을 정교화하자!

[순서도 8]에 추가한 '맥락'인 "무료로 제공하는 음료수 자동판매기가 정상적으로 동작하는가?"는 여러 가지 경우를 고려해야 한다. "전원이 들어왔는가?", "자동판매기가 고장인가?", "음료수가 남아있는가?" 등을 고려할 수 있고, 이와 같은 과정을 '정교화(elaboration)' 작업으로 이야기할 수 있다.

"무료로 제공하는 음료수 자동판매기가 정상적으로 동작하는가?"는 '추상화(abstraction)' 작업의 결과다. '정교화' 과정은 [순서도 9]와 같이 '추상화'한 개념을 '문제분해(problem decomposition)' 하는 과정이다.[17] SW 코딩의 과정은 문제를 '추상화'하고, 이를 '정교화'해가는 과정이라고 정의할 수도 있다.

'정교화'는 '창의성(creativity)'의 여러 가지 요소 중 한가지로서 '특정 내용을 가능한 상세하게 기술하는 능력'으로 정의할 수 있다. SW 코딩을 처음부터 상세한 내용까지 기술하고 정의할 수 있다면 좋겠으나, 대부분의 경우 이러한 시도를 하다가 자신도 모르게 놓치게 되는 내용들이 생긴다. 그렇기 때문에 안전하고 견실한 SW 코딩을 하기 위해서는 문제를 '추상화'하고, 이를 '정교화'해가는 과정을 반복적으로 수행해야 한다.

> **창의적으로 생각해봅시다!**
>
> 맥락을 정교화한 [순서도 9]의 내용 중에서 보완할 사항들을 창의적으로 찾아 정리해 봅시다.

---

17) 자세한 내용은 "이재호(2017). 생활 속 SW 코딩의 발견 ① 〈신호등 SW 프로그램의 발견〉. 도서출판정일."의 76-77쪽을 참조하라.

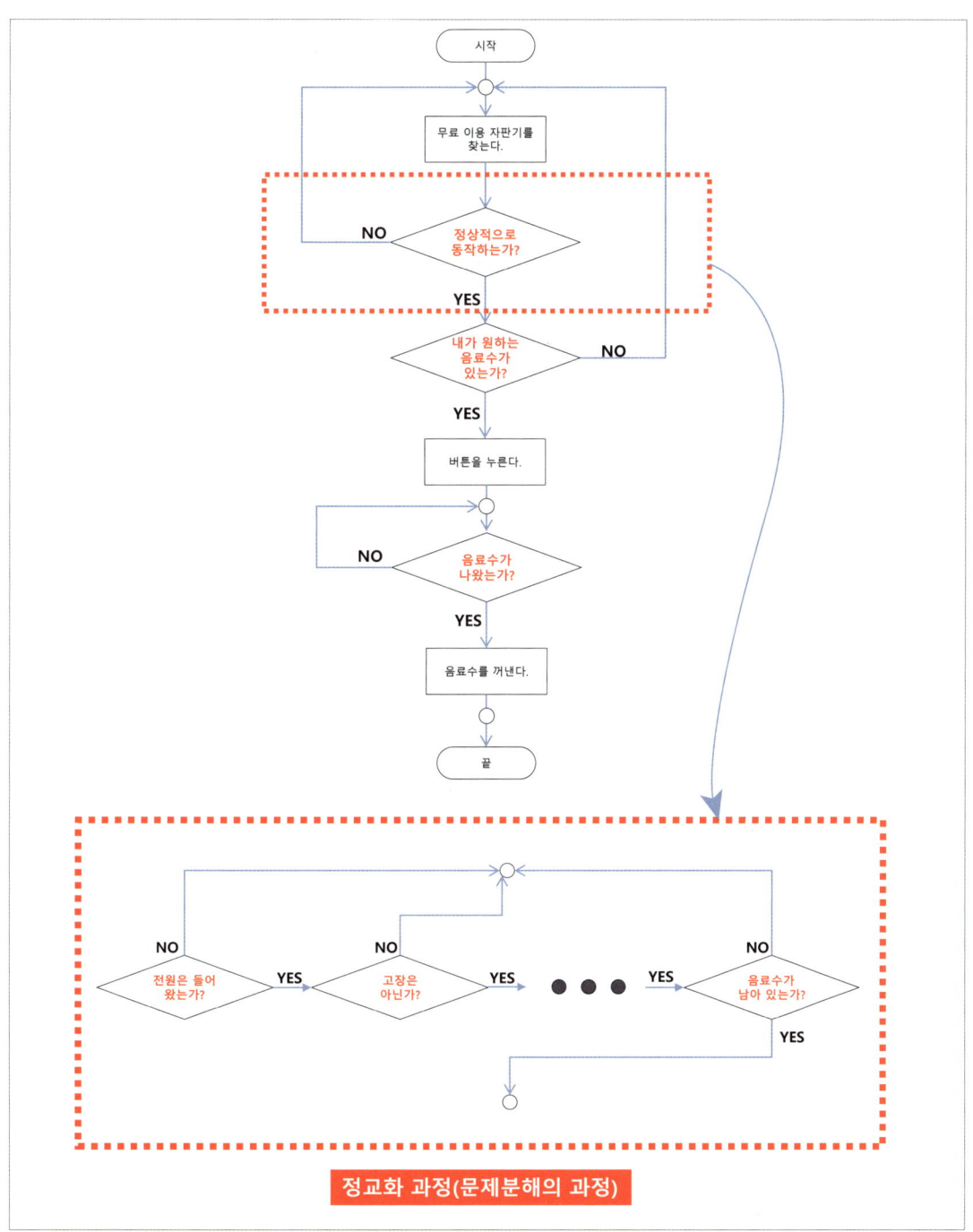

순서도 ❾ '맥락'을 정교화한 '무료로 제공하는 음료수 자동판매기' 이용하기

SW 코딩 테스트 03

무료로 이용할 수 있는 자동판매기 이용하기
(사용자 입장)(2)

우리나라는 전국이 1일 생활권이다. 이와 같은 1일 생활권이 가능하게 된 이유 중 하나는 고속철(KTX와 SRT)이 큰 역할을 하였다. 고속철의 경우 일반실과 특실로 구분하여 운영 중이며, KTX의 특실 복도에는 '무료로 생수를 제공하는 자동판매기'가 설치되어 있다. KTX의 특실에 설치된 '무료 생수 제공 자동판매기'에 숨어있는 이야기를 살펴봅시다.

1 SW 코딩을 위한 힌트

KTX의 특실 승객은 '무료로 제공하는 생수 자동판매기'를 이용할 수 있다. KTX의 특실 복도에 설치되어 있는 '무료 생수 제공 자동판매기'의 동작 원리를 살펴보자. KTX에서 제공하는 '무료 생수 자동판매기'는 무조건 생수 버튼을 누른다고 무료 생수가 나오지 않는다. 우선 '특실'이라고 표시된 버튼을 '3초' 간 누르면 특실 고객에게 제공할 생수가 남아있는 자동판매기 '생수 칸'과 연결된 '생수 버튼'에 불이 들어온다. 이때 '불'이 들어온 생수 버튼 중 하나를 누르면 무료 생수가 제공되는 방식으로 작동한다. 사용자 입장에서 이와 같이 동작하는 KTX의 무료 생수 자동판매기의 사용 방법을 확인해 보자.

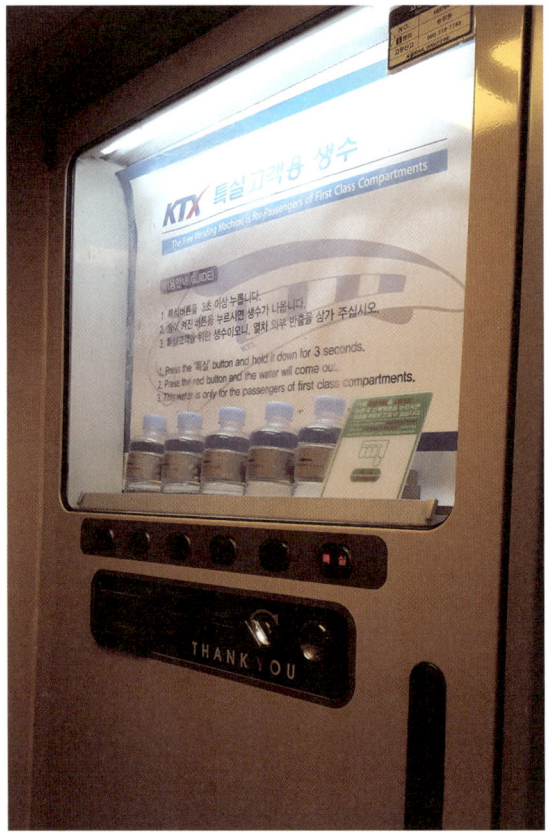

그림 ⑥ KTX 특실 복도에 설치된 '무료 생수 자동판매기'

2 자연어로 표현하기

KTX의 무료 생수 자동판매기의 사용 방법을 자연어로 표현하면 다음과 같다.

① '무료로 제공하는 생수 자동판매기'를 찾는다.
② "무료로 제공하는 생수 자동판매기가 정상적으로 동작하는가?"를 확인한다.
③ 정상적으로 동작하면, 생수 자동판매기의 '특실' 버튼을 '3초' 간 누르고, 정상적으로 동작하지 않으면 다른 자동판매기를 찾는다.
④ 생수가 남아있는 칸에 '불' 이 들어오면, '선택' 버튼을 누르고, 생수가 남아있는 '칸' 이 없으면 다른 자동판매기를 찾는다.
⑤ '선택' 버튼을 누른 후에는 "생수가 나왔는가?"를 확인한다.
⑥ 음료수를 꺼낸다.

자연어 표현 ⑧ 무료 자동판매기 이용 프로그램(3)

창의적으로 생각해봅시다!

(1) KTX의 무료 생수 자동판매기는 왜 '특실' 버튼을 눌러야 작동하도록 설계되었을까?
(2) 가장 편리한 '무료 음료수 제공 자동판매기'는 언제든지 '버튼'만 누르면 음료수가 나오도록 설계된 것이다.
(3) 그렇다면 KTX의 특실 복도에 설치한 '무료 생수 자동판매기'는 왜 특실 승객들이 불편하게 '특실'이라는 버튼을 '3초' 이상 누르게 설계하였을까? 이렇게 설계함으로써 무엇을 기대한 것일까? 최초 설계자의 입장에서 생각해 봅시다.
(4) 여러분 중에는 이러한 방식으로 동작하는 무료 음료수 제공 자동판매기를 본적이 있는가?
(5) 이와 같이 KTX 특실 승객에게 무료 생수를 이용하기 위해서 '특실' 버튼을 누르도록 한 것은 무료로 제공하는 경우 꼭 필요하지 않아도 '생수' 버튼을 누름으로써 낭비될 수 있는 요인을 없애고자 했을 수 있다. 즉, '3초간' '특실' 버튼을 누르는 수고를 해야만 생수를 제공하겠다는 개념이다.
(6) 또 다른 이유 중 하나로 생각할 수 있는 것은 달리는 고속열차 안에 설치된 자동판매기라는 것이다. 이 경우 일반 건물이나 야외에 설치된 자동판매기와는 전기 공급 여건이 다를 수 있다. 전기가 부족한 경우를 대비하고자, 자동판매기를 사용하지 않는 기간 동안에는 생수 이용 버튼과 관련된 전원을 차단하고자 했을 수 있다.
(7) 이상에서 설명한 내용과는 다른 이유를 다양한 각도에서 분석하여 봅시다.

3 순서도로 표현하기

KTX의 무료 생수 자동판매기의 사용 방법을 순서도로 표현하면 다음과 같다.

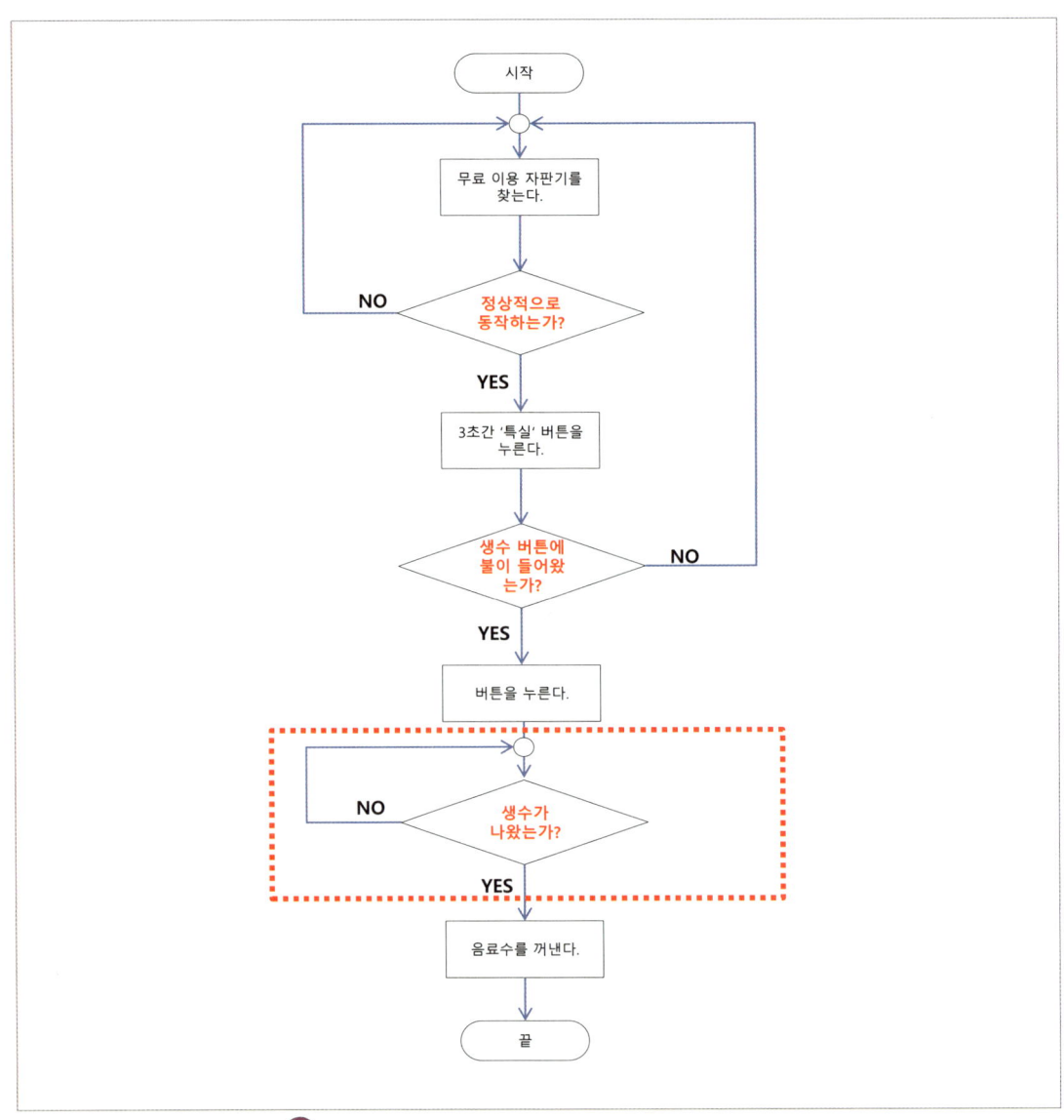

순서도 ⑩ KTX 특실 고객에게 제공하는 '무료 생수 자동판매기' 이용하기(1)

4 '맥락'을 추가하자!

[순서도 10]의 내용 중 보완할 것은 없는가? 순서도 내용 중 세 번째 선택 과정인 "생수가 나왔는가?"를 생각해보자. '선택' 버튼에 불이 들어왔지만, 생수가 나오지 않는 경우는 없는가? 만에 하나라도 이런 경우가 발생하면 어떻게 하는가? 순서도는 '끝' 나지 않고 계속해서 "생수가 나왔는가?"를 검사해야 한다. '무한루프(infinite loop)'에 빠지게 되는 것이다. SW 코딩 작업을 하다보면 의도하지 않게 무한루프에 빠지는 경우가 종종 발생한다. 주의해야 할 사항 중 하나다. 만에 하나의 상황에 대비해야 하는 것이 SW 코딩 작업이기 때문이다.[18]

해결책은 무엇인가?

생수가 나오지 않을 상황인데도 "생수가 나왔는가?"를 무작정 검사할 수는 없는 것이다. 일정 시간동안 기다려도 생수가 나오지 않을 경우에는 "또 다른 무료 이용 자동판매기를 찾을 것인가?" 아니면 "끝낼 것인가?"를 결정해야 한다. 이와 같은 내용을 포함한 것이 [순서도 11]이다.

창의적으로 생각해봅시다!

[순서도 10]의 문제점을 해결한 [순서도 11]의 표현 내용과는 다른 순서도를 창의적으로 생각해봅시다.

---

18) 무한루프와 관련된 자세한 내용은 "이재호(2017). 생활 속 SW 코딩의 발견 ①. 도서출판정일."의 81쪽 '4. 무한루프의 위험성, 의도적인 무한반복과 의도적이지 않은 무한반복'을 참조하라.

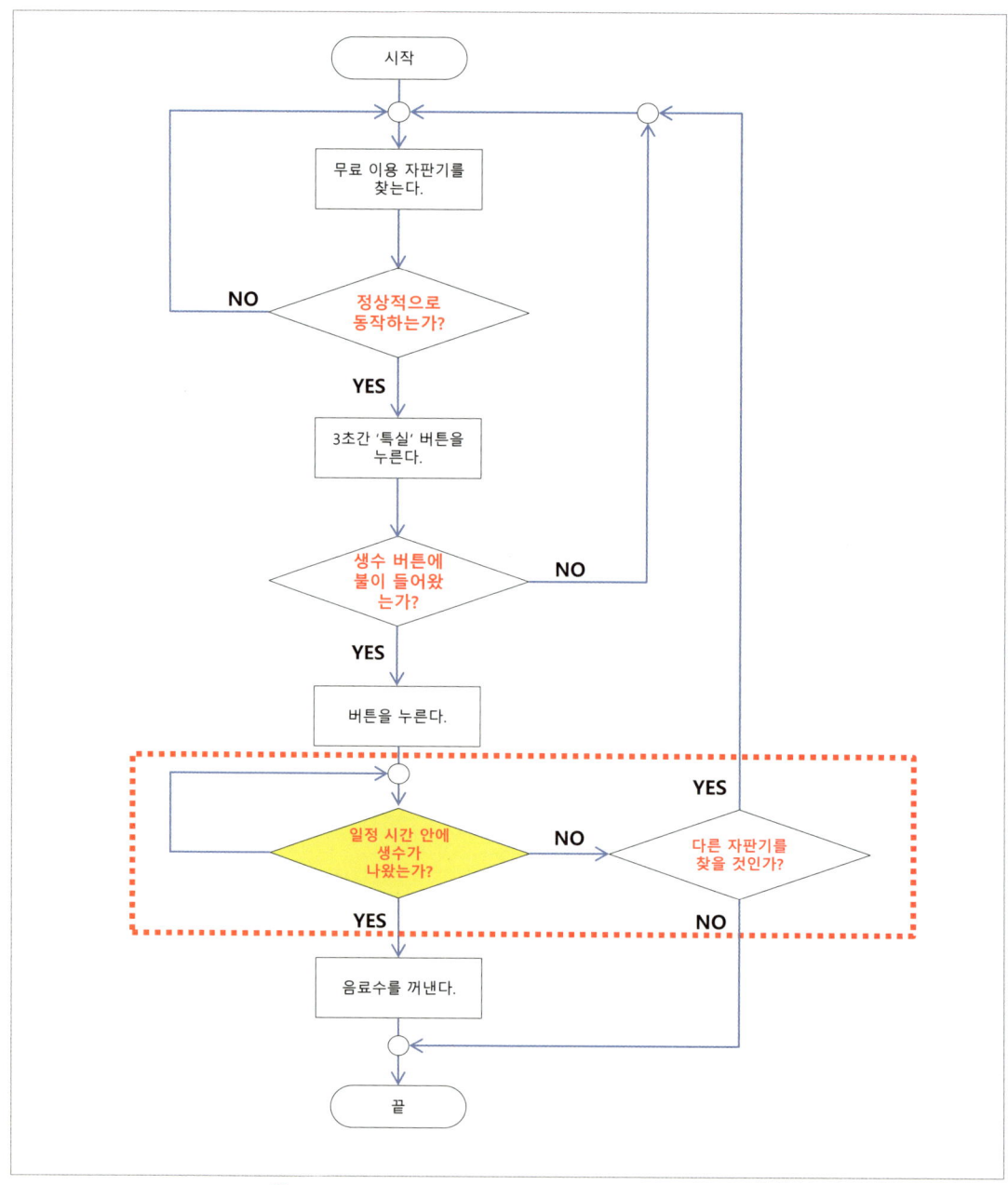

순서도 ⑪ KTX 특실 고객에게 제공하는 '무료 생수 자동판매기' 이용하기(2)

SW 코딩 테스트 04

유료 자동판매기 이용하기
(사용자 입장)(1)

자동판매기를 대표하는 것은 무엇일까? 자동판매기 중에서 가장 대표적인 것은 무엇일까?
아마도 '음료수 자동판매기'가 가장 많이 설치되어 운영 중인 자동판매기일 것이다.
요금을 지불해야만 음료수를 마실 수 있는 자동판매기는 어떻게 동작할까?
지금부터 내용을 확인해 봅시다.

1 SW 코딩을 위한 힌트

요금을 투입하면 선택 버튼에 불이 들어오고, 선택 버튼을 누르면 원하는 물건이 나오는 자동판매기가 가장 대중적인 형태의 자동판매기다. 이러한 유형의 자동판매기 중 가장 대표적인 것은 '음료수 자동판매기'다. 단순한 수준의 '음료수 자동판매기'를 이용하는 절차를 표현해 보자.

2 자연어로 표현하기

음료수 자동판매기를 이용하는 내용을 자연어로 표현하면 다음과 같다.

① 음료수 자동판매기를 찾는다.
② "음료수 자동판매기가 정상적으로 동작하는가?"를 확인한다.
③ "음료수 자동판매기에 자신이 원하는 음료수가 있는가?"를 확인한다.
④ "음료수를 살 돈이 있는가?"를 확인한다.
⑤ 음료수 자동판매기에 돈을 투입한다.
⑥ "음료수 자동판매기의 '음료수 버튼'에 불이 들어왔는가?"를 확인한다.
⑦ 원하는 음료수 버튼을 누른다.
⑧ "원하는 음료수가 나왔는가?"를 확인한다.
⑨ 음료수를 꺼낸다.

자연어 표현 ⑨ 유료 자동판매기 이용 프로그램(1)

3 순서도로 표현하기

음료수 자동판매기를 이용하는 내용을 순서도로 표현하면 다음과 같다.

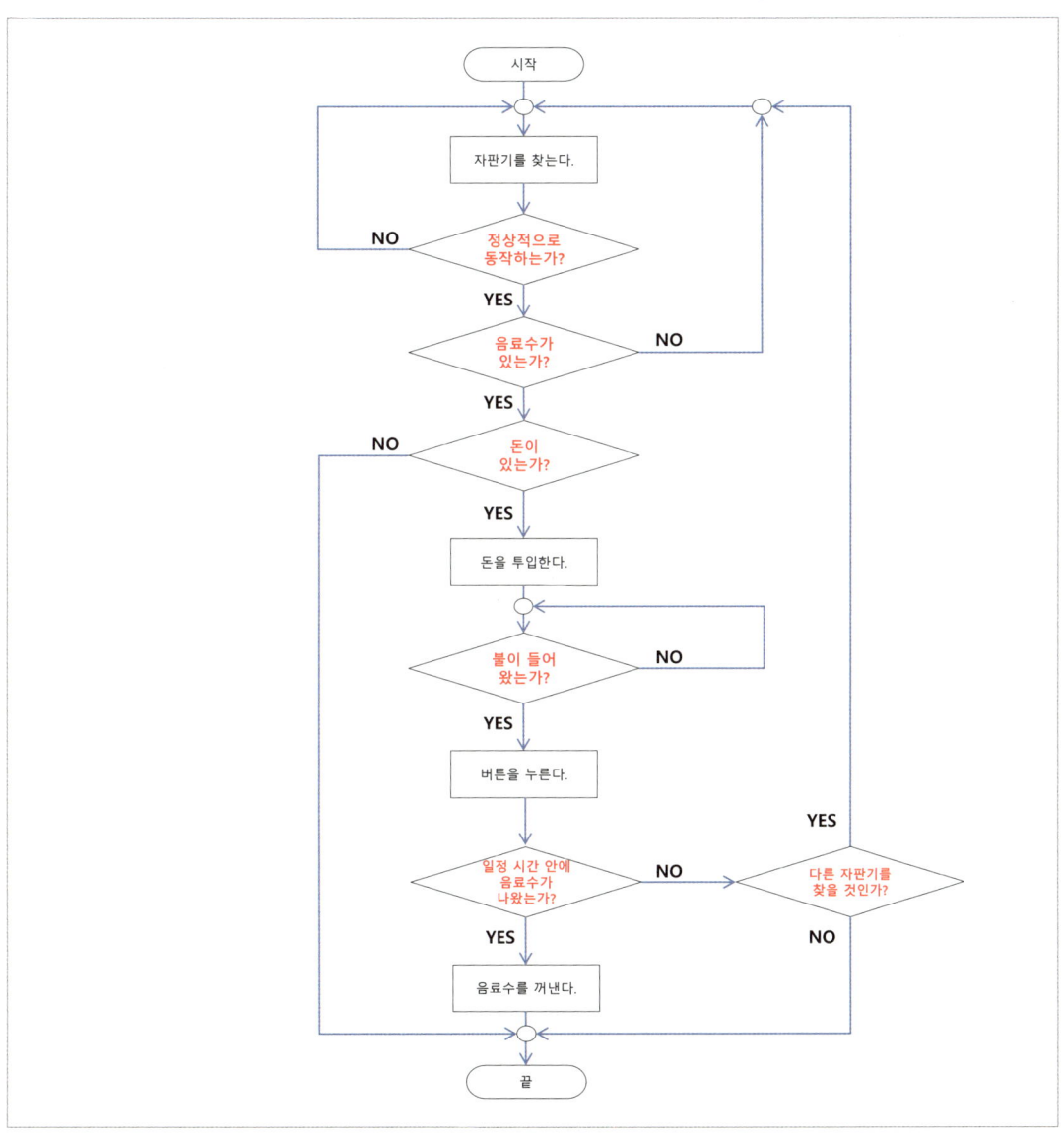

순서도 ⑫ 유료 음료수 자동판매기 이용하기(1)

> **창의적으로 생각해봅시다!**
>
> (1) 음료수 자동판매기를 이용하기 위해서는 '돈'이 있어야 한다. 여러분은 언제 자신이 음료수 자동판매기를 이용할 수 있는 '돈'이 있는가를 확인하는가?
> (2) 여러분들은 음료수 자동판매기를 찾기 전에 돈이 있는지 확인하는가? 아니면 음료수 자동판매기를 이용하기 전에 돈이 있는지 확인하는가?
> (3) 음료수 자동판매기를 찾기 전에 돈이 없다는 것을 확인하였다면, 자동판매기를 이용할 수 있는 돈을 찾으러 가든지, 아니면 자동판매기 찾는 것을 포기할 것인지를 선택하게 된다.
> (4) 음료수 자동판매기를 찾은 후에 돈이 없다는 것을 확인하였다면, 선택은 없게 된다.
> (5) SW 프로그램을 개발하는 관점에서 두 가지 방법 중 어떤 것이 좋은가? 장단점으로 분류하여 정리해봅시다.

4 맥락을 추가하자

놓친 것은 없는가? 여러분들은 마시고 싶은 음료수 자동판매기를 찾았으나 자신이 원하는 음료수가 없다는 것을 확인한 경우에는 어떻게 하는가?

첫 번째 방법은 음료수 마시는 것을 포기하는 것이다. 이러한 방안을 선택할 경우 순서도의 '끝(종료)'으로 제어 흐름이 넘어가게 된다.

두 번째 방법은 자신들이 마시고 싶은 음료수가 있는 새로운 자동판매기를 찾아나서는 것이다. [순서도 12]에 표기한 방법이다.

결과적으로 [순서도 12]는 두 가지 방안 중 한 가지를 선택할 수 있는 내용을 누락한 것이다. 이와 같은 내용을 포함한 것이 [순서도 13]이다.

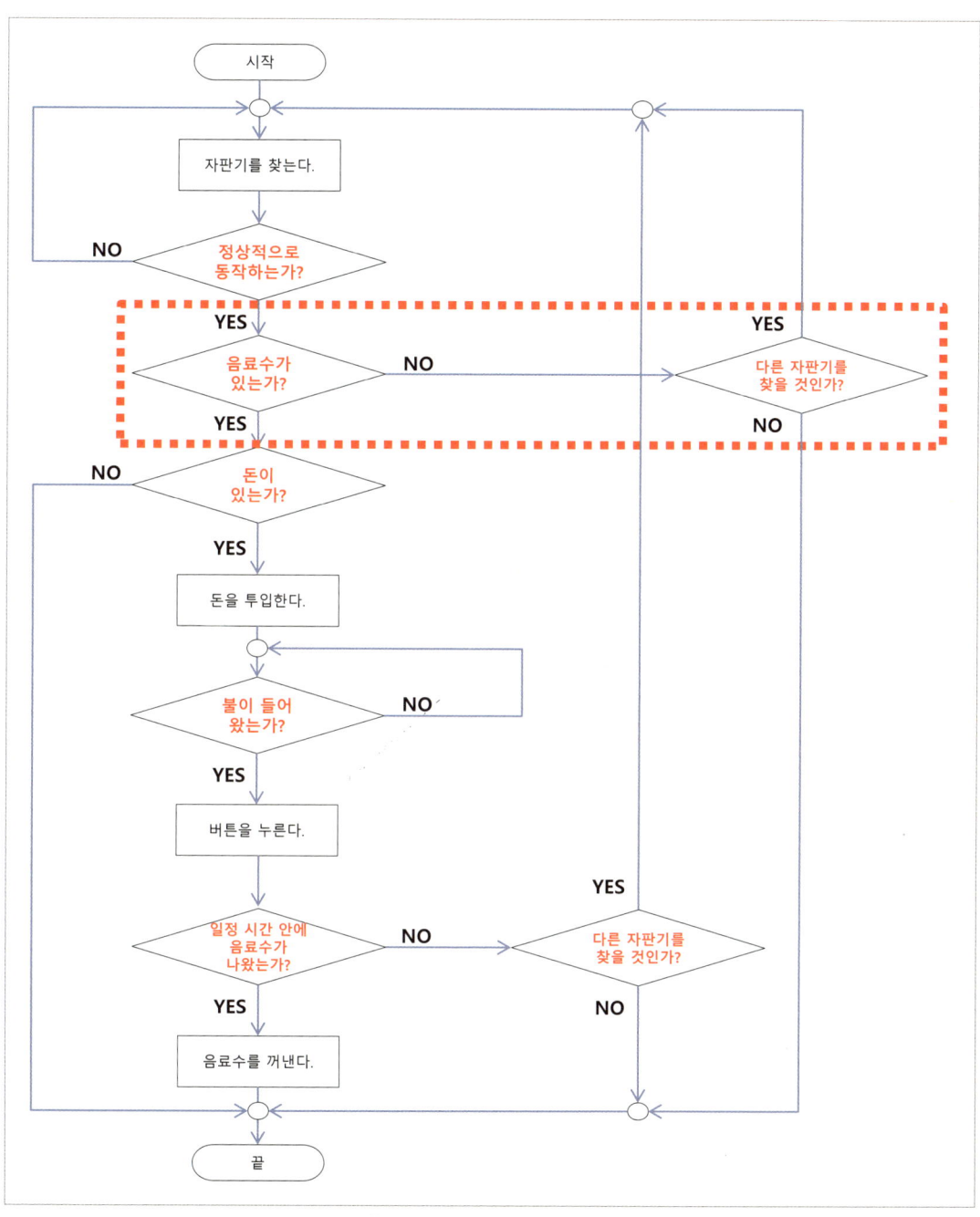

순서도 13 유료 음료수 자동판매기 이용하기(2)

5 추가적인 맥락을 고려해보자.

[순서도 13]은 [순서도 11]과 동일한 방법으로 "일정 시간 안에 음료수가 나왔는가?"를 검사한다. 그러나 [순서도 11]과 [순서도 13] 간 에는 다른 것이 있다. 가장 큰 차이점은 '무료 음료수'와 '유료 음료수'의 차이점이다.

무료 음료수 자동판매기를 이용하는 경우에는 일정 시간 이후에도 음료수가 나오지 않을 경우 그냥 포기하거나 쉽게 다른 자동판매기를 찾아 나설 수 있다. 그러나 음료수 요금을 지불해야 하는 유료 음료수 자동판매기의 경우에는 상황이 다르다. 요금을 지불하고 자신이 원하는 음료수를 받지 못한 것이기 때문에 이미 지불한 요금을 돌려받아야 한다. 그렇기 때문에 추가적인 고려사항을 정리해야 한다.

추가적인 고려사항이란 "내가 지불한 요금을 돌려받았는가?"이다. 만약 돌려받았다면 순서도를 '끝' 내면된다. 그러나 돌려받지 못하였다면 어떻게 해야 하는가? "그냥 포기하고 다른 자동판매기를 찾아 나설 것인가?" 아니면 "요금을 돌려받을 방법을 강구할 것인가?"를 결정해야 한다. 이와같은 내용을 표현한 것이 [순서도 14]이다.

창의적으로 생각해봅시다!

(1) [순서도 14]에서 표현한 "요금을 돌려받을 방법을 강구한다."는 여러 가지 방법이 내포된 것으로 '추상화' 작업의 내용이다.
(2) 추상화된 내용인 "요금을 돌려받을 방법을 강구한다."의 내용을 '문제분해'하는 과정을 정리하여 봅시다.
(3) 문제분해 작업으로 "요금을 돌려받을 방법을 강구한다."는 내용을 정리하였다면, 순서도로 표현해 봅시다.

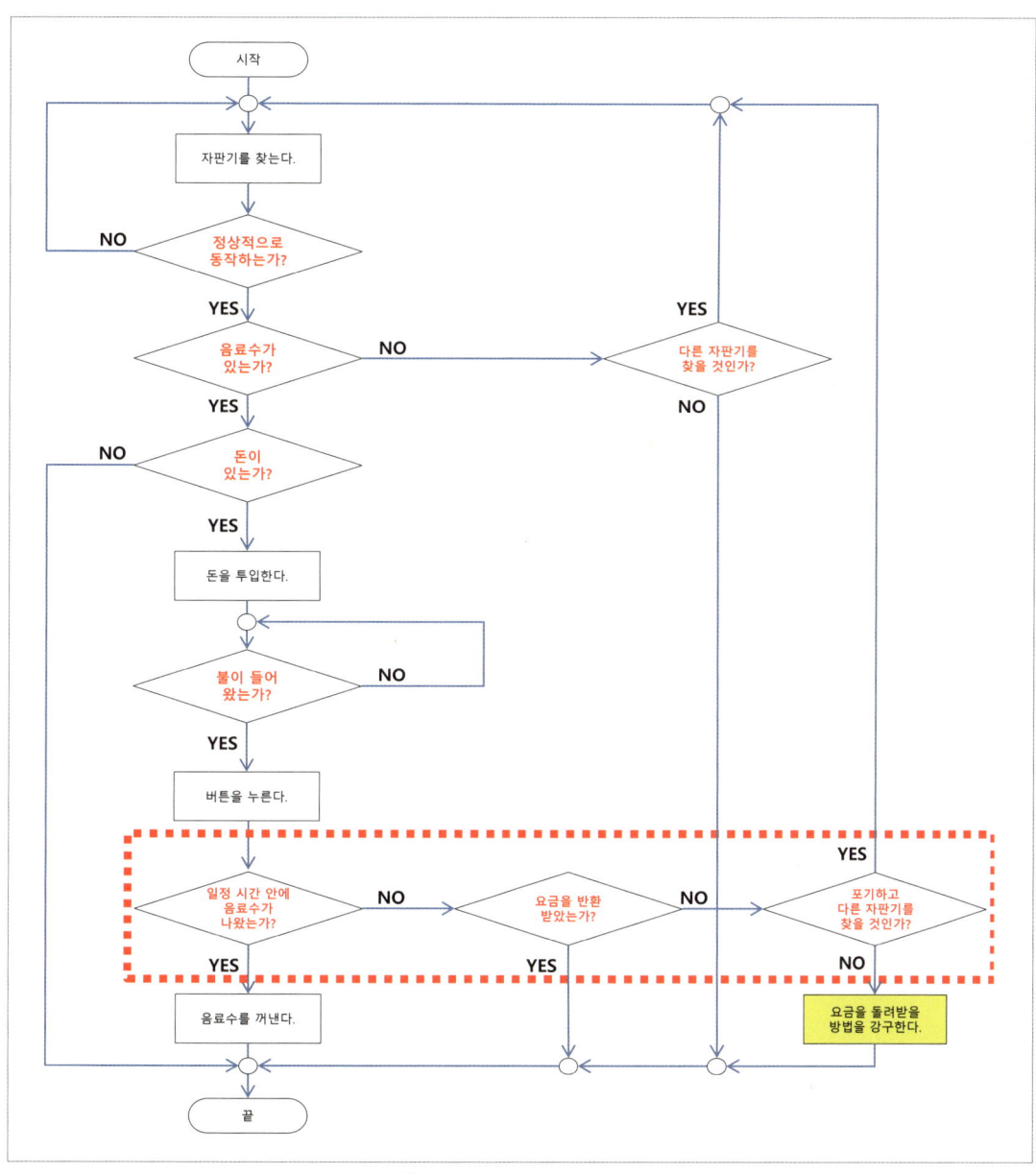

순서도 14 유료 음료수 자동판매기 이용하기(3)

SW 코딩 테스트 **05**

유료 자동판매기 이용하기
(사용자 입장)(2)

요금을 지불하고 음료수 자동판매기를 이용한 후에 잔돈을 받아야 하는 경우에는
어떻게 하는가? 자동판매기가 알아서 잔돈을 반환하는가
아니면 이용자가 직접 잔돈을 받을 수 있도록 '반환' 버튼을 눌러야 하는가?
여러 가지 유형의 자동판매기가 설치되어 운영 중이다. 지금부터 내용을 확인해 봅시다.

1 SW 코딩을 위한 힌트

'음료수 자동판매기'를 이용할 경우 자동판매기에 투입한 음료수 요금이 정확히 일치하여 잔돈을 받을 필요가 없는 경우가 있다. 예를 들어 음료수 가격이 1,000원일 경우에 1,000원짜리 지폐를 투입하고 '선택' 버튼을 누른 후에는 음료수만 꺼내면 된다. 그러나 '음료수 자동판매기'에 요금을 투입하고 '선택' 버튼을 눌러 음료수를 구입한 후에 잔돈을 받아야 하는 경우도 있다. 이와 같은 경우의 절차를 표현해보자.

SW 코딩을 위한 맥락은 무엇인가?

음료수 자동판매기에서 '잔돈'을 반환하기 위해서는 무엇을 고민해야 하는가? 주요 내용을 정리하면 다음과 같다.

첫째, '잔돈' 반환 방법은 어떻게 할 것인가?
자동판매기 이용자가 서비스 이용 후에 '잔돈 반환' 버튼을 직접 누르도록 할 것인가? 아니면 몇 초가 지난 후에는 '자동'으로 '잔돈'을 반환할 것인가?

둘째, '버튼'을 누르지 않을 경우 '잔돈'을 반환할 것인가? 아니면 반환하지 않을 것인가?
'잔돈' 반환을 위하여 이용자가 직접 '버튼'을 누르도록 하는 방법을 사용한다면, 이용자가 '버튼'을 누르지 않을 경우 '잔돈'을 반환할 것인가? 아니면 반환하지 않을 것인가?

셋째, 전자식 버튼인가? 아니면 기계식 스위치인가?
이용자가 '잔돈'을 돌려받기 위하여 선택해야하는 장치를 '전자식 버튼'으로 할 것인가? 아니면 '기계식 스위치'로 할 것인가?

> **창의적으로 생각해봅시다!**
> 이상과 같은 여러 가지 고려사항들을 고민하고 자신만의 맥락을 창의적으로 생각해서 정리해봅시다.

2 자연어로 표현하기

요금을 지불하는 음료수 자동판매기를 이용한 후에 '잔돈 반환' 버튼을 눌러서 '잔돈'을 받아야 하는 내용을 자연어로 표현하면 다음과 같다.

> ① 음료수 자동판매기를 찾는다.
> ② "음료수 자동판매기가 정상적으로 동작하는가?"를 확인한다.
> ③ "음료수 자동판매기에 자신이 원하는 음료수가 있는가?"를 확인한다.
> ④ "음료수를 살 돈이 있는가?"를 확인한다.
> ⑤ 음료수 자동판매기에 돈을 투입한다.
> ⑥ "음료수 자동판매기의 '음료수 버튼'에 불이 들어왔는가?"를 확인한다.
> ⑦ 원하는 음료수 버튼을 누른다.
> ⑧ "원하는 음료수가 나왔는가?"를 확인한다.
> ⑨ 음료수를 꺼낸다.
> ⑩ "잔돈이 남아 있는가?"를 확인한다.
> ⑪ '잔돈'이 남아있으면, '잔돈 반환' 버튼을 누른다.
> ⑫ '잔돈'을 꺼낸다.

자연어 표현 ⑩ 유료 자동판매기 이용 프로그램(2)

3 순서도로 표현하기

요금을 지불하는 음료수 자동판매기를 이용한 후에 '잔돈'을 받아야 하는 내용을 순서도로 표현하면 다음과 같다.

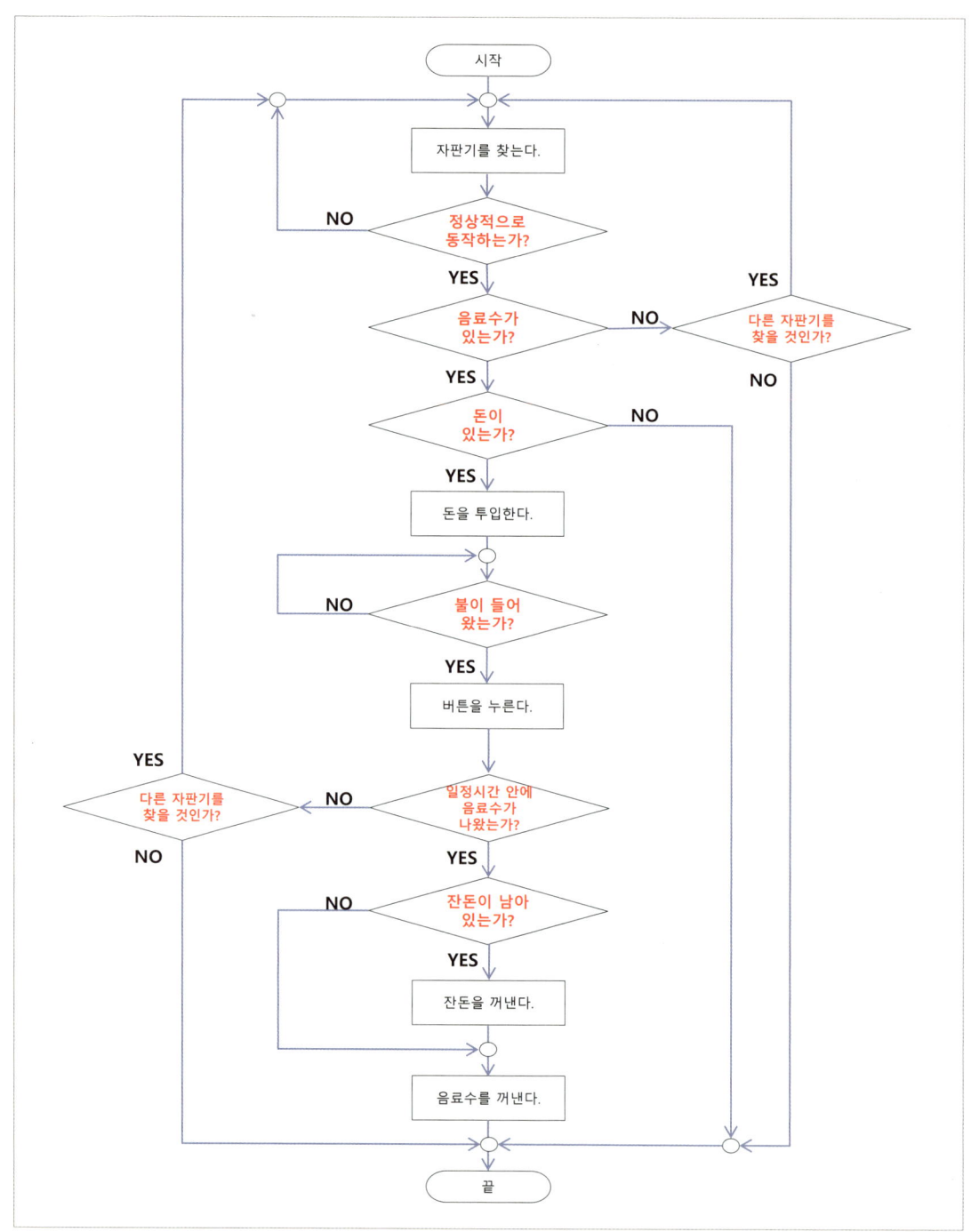

순서도 ⑮ 음료수 자동판매기 이용 후에 잔돈 찾기

SW 코딩 테스트 06

무료 음료수 제공 자동판매기 SW 코딩하기(1)

무료 음료수 자동판매기에서 동작하는 SW 프로그램을 코딩하기 위해서는 무엇을 준비해야 하는가? 무료 음료수 자동판매기가 동작하면서 가장 중요하게 검사하는 내용은 무엇인가? 가장 초보적인 수준의 SW 코딩부터 시작하여 고급 수준의 SW 코딩까지 완성해 나가는 내용을 지금부터 확인해 봅시다.

1 SW 코딩을 위한 힌트

【SW 코딩 테스트 2】부터 【SW 코딩 테스트5】까지는 자동판매기를 이용하는 이용자 입장에서 SW 코딩 작업을 하였으나, 【SW 코딩 테스트 6】부터는 실제적으로 자동판매기 SW 프로그램 입장에서 SW 코딩을 시작한다.

2 자연어로 표현하기

음료수를 무료로 제공하는 자동판매기에서 동작하는 가장 초보적인 내용의 SW 코딩을 자연어로 표현하면 다음과 같다.

---

① 무료 음료수 자동판매기를 시작한다.
② 무료 음료수 자동판매기의 버튼이 눌렸는가를 확인한다.
③ 무료 음료수 자동판매기의 버튼이 눌렸다면 음료수를 제공한다.
④ 계속해서 무료 음료수 자동판매기의 버튼이 눌렸는가를 확인한다.

자연어 표현 11 무료 음료수 제공 자동판매기 프로그램(1)

[자연어 표현 11]의 내용에서 확인할 수 있는 SW 코딩 측면의 중요 사항들을 정리하면 다음과 같다.

첫째, 모든 프로그램은 '시작' 명령이 있어야 한다는 것이다. 결과적으로 이를 위하여 "무료 음료수 자동판매기를 시작한다."고 표현하였다.

둘째, 무료 음료수 자동판매기 프로그램은 1회성으로 실행되는 SW 프로그램이 아니라는 것이다. 즉, 특별한 명령이 없을 때에는 계속해서 정해진 작업을 실행해야 한다. 결과적으로 이를 위하여 "계속해서 무료 음료수 자동판매기의 버튼이 눌렸는가를 확인한다."고 표현하였다.

3 순서도로 표현하기

음료수를 무료로 제공하는 자동판매기에서 동작하는 가장 초보적인 내용의 SW 코딩을 순서도로 표현하면 다음과 같다.

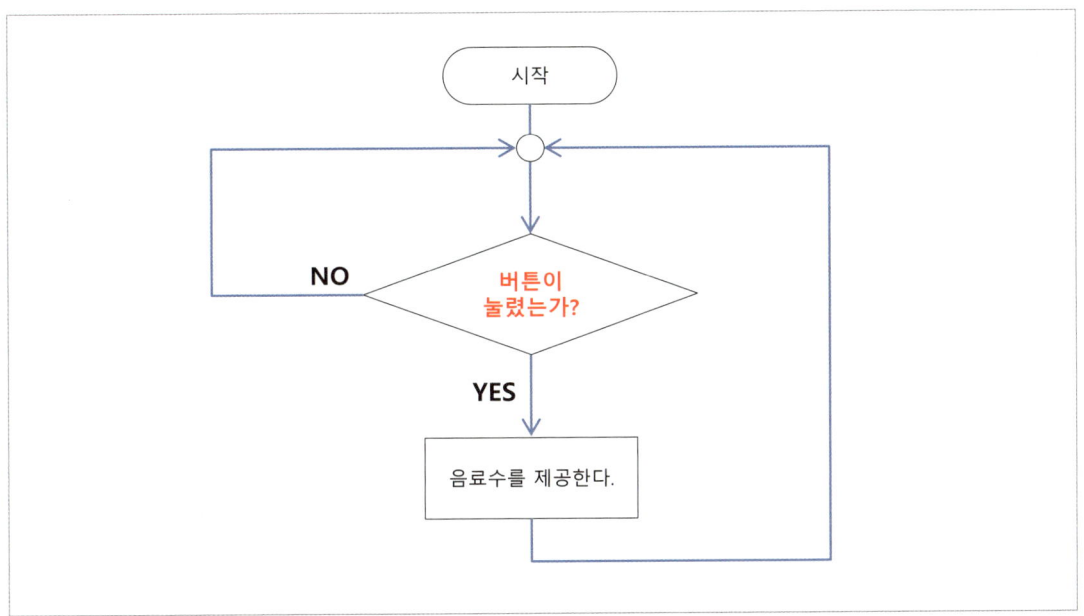

순서도 16 가장 초보적인 수준의 무료 음료수 자동판매기 SW 코딩

[순서도 16]은 가장 단순한 형태의 순서도다. 즉, 다른 말로 이야기 한다면 최고 수준의 '추상화'로 표현된 것이다.

첫 번째 단계의 SW 코딩에서는 [순서도 16] 정도의 수준이면 훌륭한 표현이다. 지금부터 '문제분해' 기법을 사용하여 좀 더 정교한 순서도를 만들어 가면 된다.

SW 코딩 테스트 07

무료 음료수 제공 자동판매기 SW 코딩하기(2)

모든 음료수 자동판매기에 저장되는 음료수 개수는 제한적이다.
그렇기 때문에 이용자에게 음료수를 제공한 후에는
아직도 제공할 수 있는 음료수가 남아있는가를 확인하는 과정이 필요하다.
음료수가 남아있는가를 확인하는 과정이 추가된 SW 코딩 내용을 지금부터 확인해 봅시다.

1 SW 코딩을 위한 힌트

여러분들 중에는 음료수 자동판매기를 이용할 때 원하는 음료수가 떨어져서 '매진(sold out)' 된 것을 경험한 적이 있을 것이다. 그렇기 때문에 음료수 자동판매기 SW 프로그램은 음료수 판매 전에 모든 음료수의 재고 상태를 확인하여야 한다. 물론 처음 판매를 시작하면서 모든 음료수는 판매 준비가 된 것으로 가정한다.

2 자연어로 표현하기

음료수를 무료로 제공하는 자동판매기에서 음료수를 제공한 후에 음료수가 남아 있는가를 확인하는 SW 코딩을 자연어로 표현하면 다음과 같다.

> ① 무료 음료수 자동판매기를 시작한다.
> ② 무료 음료수 자동판매기의 버튼이 눌렸는가를 확인한다.
> ③ 무료 음료수 자동판매기의 버튼이 눌렸다면 음료수를 제공한다.
> ④ 무료 음료수를 제공한 후에 음료수가 남아 있는가를 확인한다.
> ⑤ 무료 음료수를 제공한 후에 음료수가 남아 있지 않다면 음료수가 없다는 것을 표시한다.
> ⑥ 계속해서 무료 음료수 자동판매기의 버튼이 눌렸는가를 확인한다.

자연어 표현 12 무료 음료수 제공 자동판매기 프로그램(2)

창의적으로 생각해봅시다!

[자연어 표현 12]는 [자연어 표현 11]의 내용에 특정 부분을 추가한 것이다. 기본적인 내용부터 결정한 후에 내용을 하나씩 추가해 나가는 것이다. 일상생활 속에서 문제를 해결해 나가는 과정과 유사하다. 자신이 경험한 내용과 이러한 방법으로 문제를 해결해 나가는 사례 등을 찾아서 창의적으로 정리해봅시다.

3 순서도로 표현하기

음료수를 무료로 제공하는 자동판매기에서 음료수를 제공한 후에 음료수가 남아 있는가를 확인하는 SW 코딩을 순서도로 표현하면 다음과 같다.

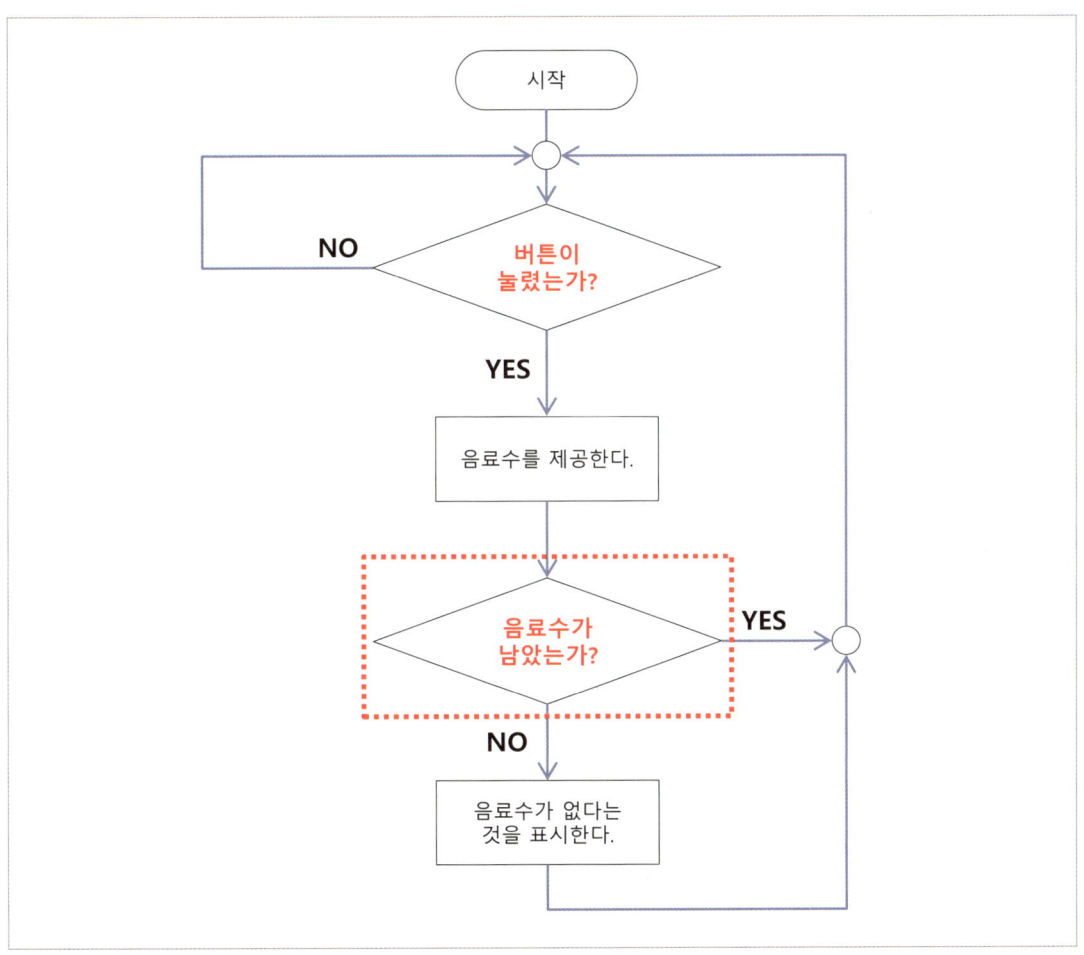

순서도 17 음료수가 남아 있는가를 확인하는 무료 음료수 자동판매기 SW 코딩

SW 코딩 테스트 08

무료 음료수 제공 자동판매기 SW 코딩하기(3)
- 음료수가 없는 것을 '버튼'에 표시하기 -

음료수 자동판매기에 음료수가 더 이상 없을 경우에 어떻게 해야 하는가?
음료수가 없다는 것을 자동판매기에 표시해야 한다.
그래야만 음료수 자동판매기를 이용하는 고객들이 음료수가 없는 '버튼'을
계속해서 누르는 쓸데없는 행동을 하지 않을 수 있다.
음료수가 없다는 내용을 자동판매기 '버튼'에 표현하는 SW 코딩 내용을 지금부터 확인해 봅시다.

1 SW 코딩을 위한 힌트

일반적으로 음료수 자동판매기에 저장되는 음료수는 '음료수 보관 칸'에 있으며, 이용자는 음료수 선택 '버튼'을 눌러서 음료수를 제공받는다.

그림 ❼ 음료수 자동판매기의 앞문이 열려있으며, 직원은 음료수 보관 칸에 음료수를 보충하고 있다.[19]

그림 ❽ 음료수 자동판매기의 앞문이 열려있으며, 코카콜라 회사 직원은 음료수 보관 칸에 음료수를 보충하고 있다.[20]

19) 일본 간사이(関西) 지방의 아리마(有馬) 온천에 설치된 음료수 자동판매기의 앞문을 열어서 '음료수 보관 칸'에 음료수를 보충하고 있다.
20) 일본 오사카(大阪) 지방의 난바(なんば) 지역에 설치된 코카콜라 회사 음료수 자동판매기의 앞문을 열어서 '음료수 보관 칸'에 음료수를 보충하고 있다.

무료 음료수 자동판매기에서 음료수를 제공하기 위한 몇 가지 고려사항들을 정리하면 다음과 같다.

첫째, 음료수가 없다는 것을 확인할 수 있는 방법은 무엇인가?

무료 음료수 제공 서비스가 이루어 진 후에는 음료수가 남아 있는가를 확인하는데, 이러한 과정은 무료 음료수 자동판매기의 '음료수 보관 칸'에 남아 있는 음료수가 있는가를 확인하는 것이다.

둘째, 이용자에게 음료수가 없다는 것을 알려줄 수 있는 방법은 무엇인가?

'음료수 보관 칸'에 남아 있는 음료수가 없다면 관리자는 물론이고 이용자에게도 알려주어야 한다. 이를 위하여 '음료수 보관 칸'에 음료수가 떨어졌다면, 음료수가 떨어진 '음료수 보관 칸'과 연결된 음료수 선택 '버튼'에 음료수가 떨어졌다는 것을 표시한다.

셋째, 음료수 '선택' 버튼에 음료수가 떨어졌다는 것을 표시할 수 있는 방법은 무엇인가?

다양한 방법이 있을 수 있다. 음료수 '선택' 버튼의 불을 끌 수도 있고, '선택' 버튼에 '매진(sold out)'이라고 표시할 수도 있을 것이다.

창의적으로 생각해봅시다!

(1) 방법적인 측면에서 무료와 유료 자동판매기에서 제공하는 솔루션은 다를 수 있다.
(2) 예를 들면, 음료수 '선택' 버튼을 항상 켜 놓을 것인가? 아니면 필요한 경우에만 켤 것인가? 등으로 분류될 수 있다.
(3) 경우에 따라서 적용할 수 있는 솔루션을 창의적으로 생각한 후에 구체적으로 정리해봅시다.

넷째, 이상과 같은 고려사항 이외에 가정해야 할 내용은 무엇인가?

SW 코딩을 위하여 가정해야 할 사항이 여러 가지가 있을 수 있으나, 그중에서 가장 핵심적인 것은 "무료로 제공할 음료수 종류는 몇 개인가?"와 "무료 음료수 자동판매기에 음료수 선택 '버튼'의 수는 몇 개로 할 것인가?" 등이다.

다섯째, 단순한 SW 코딩을 시작하기 위한 가정은 무엇인가?

단순한 SW 코딩을 위한 가정은 '음료수 제공 개수'와 '버튼의 수'를 동일한 개수로 가정하는 것이다. 예를 들면, 무료 음료수 자동판매기에서 제공하는 음료수 개수가 5개라면, 음료수 선택 '버튼'도 5개로 설치하는 것이다.

창의적으로 생각해봅시다!

이상에서 논의한 무료 음료수 자동판매기에 대한 고려사항 중 누락된 것이나, 보충할 내용 등을 창의적으로 생각한 후에 구체적으로 정리해봅시다.

---

2 자연어로 표현하기

음료수를 무료로 제공하는 자동판매기에서 음료수를 제공하고 음료수가 남아 있는가를 확인한 후에 음료수가 떨어진 경우에는 해당 음료수 '버튼'에 표시하는 SW 코딩을 자연어로 표현하면 다음과 같다.

① 무료 음료수 자동판매기를 시작한다.
② 음료수 선택 버튼에 음료수가 있다는 표시를 한다.
③ 무료 음료수 자동판매기의 버튼이 눌렸는가를 확인한다.
④ 무료 음료수 자동판매기의 버튼이 눌렸다면 해당 음료수를 제공한다.
⑤ 무료 음료수를 제공한 후에 해당 음료수가 남아 있는가를 확인한다.
⑥ 무료 음료수를 제공한 후에 해당 음료수가 남아 있지 않다면, 음료수가 없다는 것을 해당 음료수 선택 '버튼'에 표시한다.
⑦ 계속해서 무료 음료수 자동판매기의 버튼이 눌렸는가를 확인한다.

자연어 표현 13 무료 음료수 제공 자동판매기 프로그램(3)

3 순서도로 표현하기

음료수를 무료로 제공하는 자동판매기에서 음료수를 제공하고 음료수가 남아 있는가를 확인한 후에 음료수가 떨어진 경우에는 해당 음료수 '버튼'에 표시하는 SW 코딩을 순서도로 표현하면 다음과 같다.

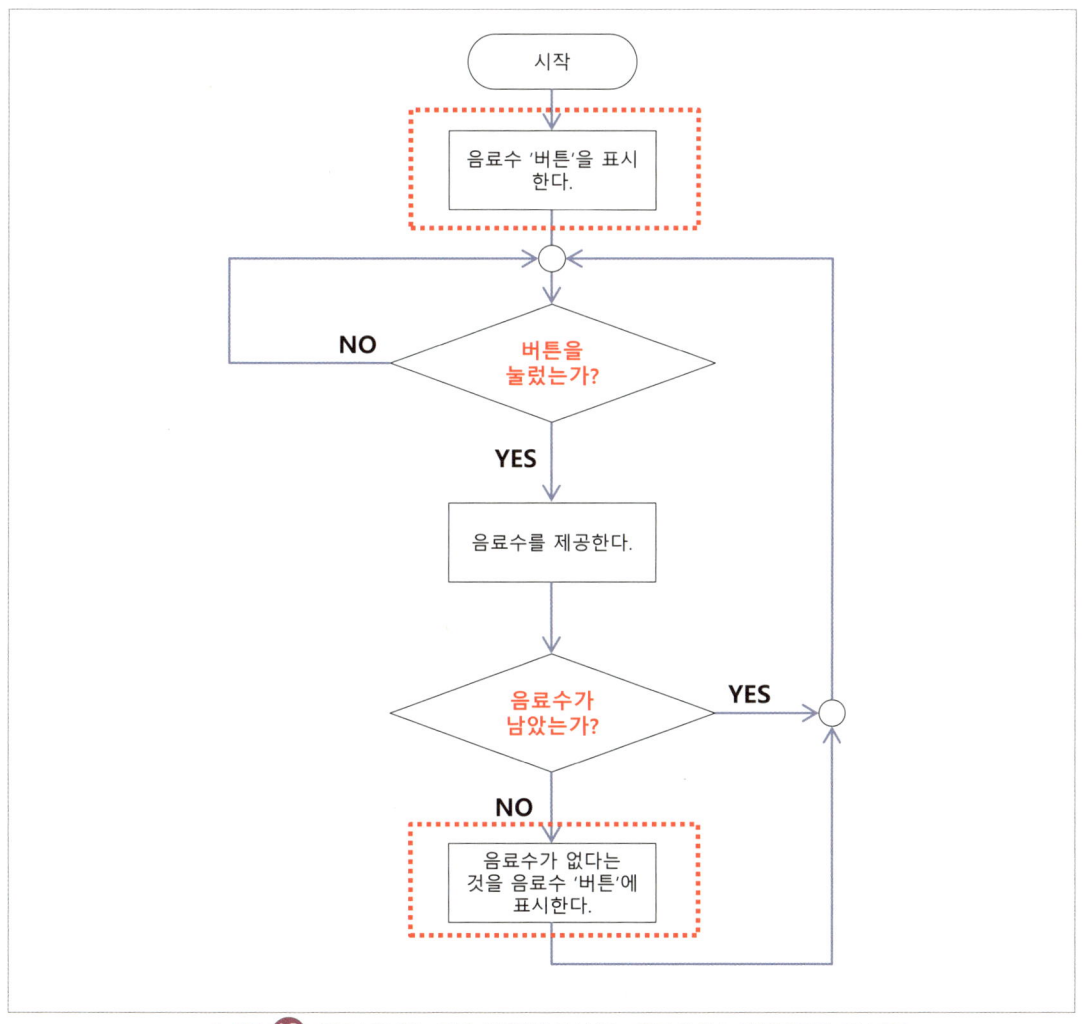

순서도 ⑱ 음료수가 없는 것을 '버튼'에 표시하는 무료 음료수 자동판매기 SW 코딩

SW 코딩 테스트 09

무료 음료수 제공 자동판매기 SW 코딩하기(4)
변수 'button'에 'ON' 값 저장하기

음료수 자동판매기에 음료수가 더 이상 없다는 것을 자동판매기 '버튼'에 표시하기 위한 방법은 다양하다. '품절' 또는 '매진'이라고 표시할 수도 있고 'SOLD OUT'이라고 표시할 수도 있다. 또 다른 방법 중 하나는 '버튼'의 '불을 끄는 것'이다. 음료수 '버튼'의 불을 끄기 위해서는 무엇을 해야 하는가? 지금부터 내용을 확인해 봅시다.

1 SW 코딩을 위한 힌트

무료 음료수 자동판매기에서 동작하는 SW를 개발하기 위하여 좀 더 구체적인 가정을 하면 다음과 같다.

첫째, 무료로 제공하는 음료수 개수는 몇 개로 가정할 것인가? 여기에서는 간단한 SW 코딩을 위하여 무료 음료수 개수는 5개로 가정한다.

둘째, 무료로 제공하는 음료수를 이용하는 고객이 자신이 원하는 음료수를 선택할 수 있도록 '버튼'을 설치해야 한다. 이 때 몇 개의 버튼을 설치할 것인가? 간단한 SW 코딩을 위하여 무료 음료수 개수와 '버튼'의 개수는 일치시킨다. 즉, 음료수 종류와 '버튼'의 종류는 일치한다고 가정한다.

셋째, 무료로 제공하는 5가지 음료수를 SW 프로그램에서 구분할 수 있어야 한다. 이를 위해서는 무료로 제공하는 5가지 음료수들 각각의 이름이 필요하다. 그렇다면 무료로 제공하는 음료수의 이름은 무엇으로 결정할 것인가? 'drink1'부터 'drink5'로 결정하자.

넷째, 무료 음료수 자동판매기의 5개 '버튼'도 각각의 이름이 필요하다. 각각의 '버튼' 이름을 무엇으로 결정할 것인가? 'button1'부터 'button5'로 결정하자.[21]

다섯째, 자동판매기 이용자가 확인할 수 있도록 무료로 제공하는 음료수가 있다는 것은 어떻게 표시할 것인가? 음료수 '버튼'을 나타내는 변수인 'button1'부터 'button5'까지에 'ON' 값을 저장하는 것으로 가정하자. 이때 'ON'이 저장된 버튼의 불은 켜진다고 가정한다.

여섯째, 자동판매기 이용자가 확인할 수 있도록 무료로 제공하는 음료수가 없다는 것은 어떻게 표시할 것인가? 음료수 '버튼'을 나타내는 변수인 'button1'부터 'button5'까지에 'OFF' 값을 저장하는 것으로 가정하자. 이때 'OFF'가 저장된 버튼의 불은 꺼진다고 가정한다.

---

[21] 이와 같은 내용을 '변수(variables)'라 하였으며, 변수는 '변하는 수'를 의미한다고 하였다. 자세한 내용은 "이재호(2017). 생활 속 SW 코딩의 발견 ①. 도서출판정일."의 83쪽 '변수 이해하기(1)'을 참조하라.

> **창의적으로 생각해봅시다!**
>
> 이상에서 논의한 다섯째와 여섯째 가정 내용에 대하여 좀 더 구체적으로 고민해보면 다음과 같다. 다섯째와 여섯째 가정은 무료 음료수 제공 자동판매기인 관계로 일반적으로 적용되는 내용일 것이다. 그러나 유료로 음료수를 판매하는 자동판매기의 경우에는 다르게 생각할 수도 있다. 예를 들면, "항상 음료수 자동판매기의 '버튼'에 불을 켜 놓을 필요가 있는가?"의 문제다. 즉, 유료로 음료수를 판매하는 경우에는 음료수 요금이 투입되고, 투입된 요금이 음료수 가격을 충족할 경우에 한하여 '버튼'의 불을 켤 수도 있다. 이와 같이 무료와 유료 음료수 자동판매기의 특성 따라 고민해야 할 내용이 달라지는 것들을 창의적으로 생각해서 정리해봅시다.

> **창의적으로 생각해봅시다!**
>
> 이상에서 논의한 무료 음료수 자동판매기에서 동작하는 SW를 개발하기 위한 가정 중 누락된 것이나, 보충할 내용 등을 창의적으로 생각해서 정리해봅시다.

2 자연어로 표현하기

음료수를 무료로 제공하는 자동판매기에서 음료수 '버튼'의 변수인 'button'에 'ON' 값을 저장하고, 음료수가 없으면 'button'에 'OFF' 값을 저장하는 내용을 추가한 SW 코딩을 자연어로 표현하면 다음과 같다.

> ① 무료 음료수 자동판매기를 시작한다.
> ② 음료수 선택 버튼의 변수인 'button'에 음료수가 있다는 표시를 한다. 이를 위하여 'button' 변수에 'ON' 값을 저장한다.
> ③ 무료 음료수 자동판매기의 버튼이 눌렸는가를 확인한다.
> ④ 무료 음료수 자동판매기의 버튼이 눌렸다면 해당 음료수를 제공한다.
> ⑤ 무료 음료수를 제공한 후에 해당 음료수가 남아 있는가를 확인한다.
> ⑥ 무료 음료수를 제공한 후에 해당 음료수가 남아 있지 않다면, 음료수가 없다는 것을 해당 음료수 선택 'button'에 표시한다. 이를 위하여 해당 음료수 'button'에 'OFF' 값을 저장한다.
> ⑦ 계속해서 무료 음료수 자동판매기의 버튼이 눌렸는가를 확인한다.

자연어 표현 14 자연어를 이용한 음료수 자동판매기 활용 프로그램(2)

3 순서도로 표현하기

음료수를 무료로 제공하는 자동판매기에서 음료수 '버튼'의 변수인 'button'에 'ON' 값을 저장하고, 음료수가 없으면 'button'에 'OFF' 값을 저장하는 내용을 추가한 SW 코딩을 순서도로 표현하면 다음과 같다.

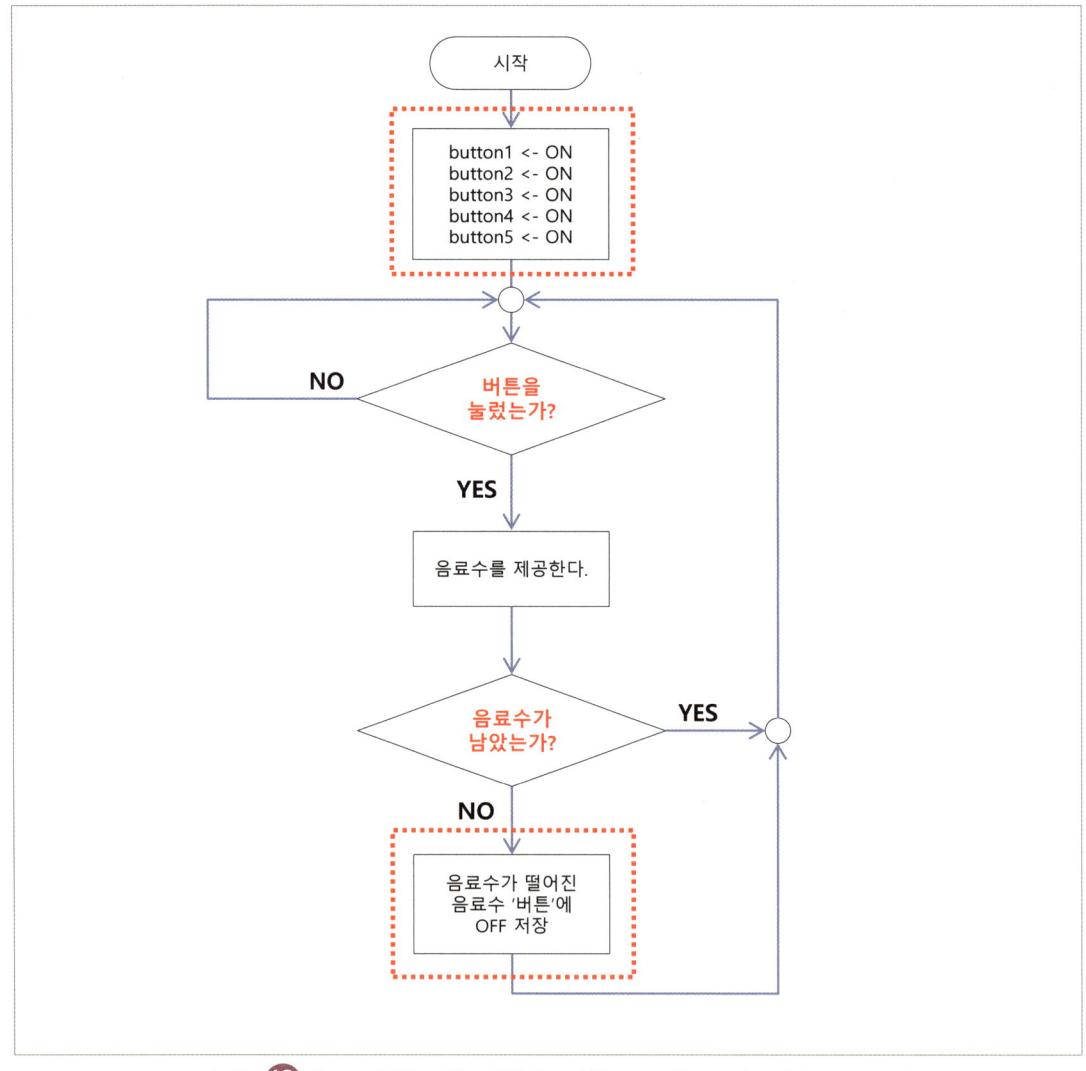

순서도 19 음료수가 없는 것을 '버튼'에 표시하는 무료 음료수 자동판매기 SW 코딩

SW 코딩 테스트 10

무료 음료수 제공 자동판매기 SW 코딩하기(5)

이용자가 음료수 선택 'button'을 눌렀는가를 확인할 수 있는 명령어(함수) 정의하기

무료 음료수 자동판매기의 이용자가 음료수를 선택한 것을 자동판매기 SW 프로그램은 알아야 한다. 그렇다면 무료 음료수 자동판매기의 SW 프로그램은 어떻게 이용자가 선택한 음료수를 확인할 수 있을까? 일반적으로 이와 같은 작업을 수행하기 위하여 명령어를 정의한다. 여러분이라면 어떤 명령어를 정의할 것인가? 지금부터 내용을 확인해 봅시다.

1 SW 코딩을 위한 힌트

[순서도 19]의 첫 번째 선택 과정인 "버튼이 눌렸는가?"는 자연어로 표현한 것이다. 자연어 표현을 SW 코딩 명령어로 변환할 수 있는 방법은 무엇인가? 그것은 새로운 명령어로 정의하는 것이다. 그렇다면 어떤 명령어로 정의하는 것이 좋을까?

명령어 이름은 'PUSH'가 적절할 것이다. 그렇다면 'PUSH'만 표기한다면 만족할 수 있는가? 무엇을 'PUSH' 했는가를 표현해야 한다. 결론적으로는 '버튼'이 눌렸는가를 확인하는 명령어이기 때문에 'PUSH(button)'으로 정의한다. 이 때 명령어(함수)와 함께 정의한 'button'은 '매개변수(parameter)'라고 한다. 이와 같은 내용을 '명령어'라 하였으며, 명령어는 '프로그램'을 의미한다고 하였다.[22]

2 자연어로 표현하기

명령어 'PUSH(button)'을 정의한 내용이 추가된 SW 코딩을 자연어로 표현하면 다음과 같다.

> ① 무료 음료수 자동판매기를 시작한다.
> ② 음료수 선택 버튼의 변수인 'button'에 음료수가 있다는 표시를 한다. 이를 위하여 'button' 변수에 'ON' 값을 저장한다.
> ③ 무료 음료수 자동판매기의 버튼이 눌렸는가를 확인한다. 이를 위하여 'PUSH(button)' 인가를 확인한다.
> ④ 'PUSH(button)'이 감지되었다면 해당 음료수를 제공한다.
> ⑤ 무료 음료수를 제공한 후에 해당 음료수가 남아 있는가를 확인한다.
> ⑥ 무료 음료수를 제공한 후에 해당 음료수가 남아 있지 않다면, 음료수가 없다는 것을 해당 음료수 선택 'button'에 표시한다. 이를 위하여 해당 음료수 'button'에 'OFF' 값을 저장한다.
> ⑦ 계속해서 무료 음료수 자동판매기의 버튼이 'PUSH(button)' 인가를 확인한다.

자연어 표현 ⑮ 자연어를 이용한 음료수 자동판매기 활용 프로그램(2)

---
22) 자세한 내용은 "이재호(2017). 생활 속 SW 코딩의 발견 ①. 도서출판정일"의 88쪽 '명령어 이해하기(1)'을 참조하라.

3 순서도로 표현하기

명령어 'PUSH(button)'을 정의한 내용이 추가된 SW 코딩을 순서도로 표현하면 다음과 같다.

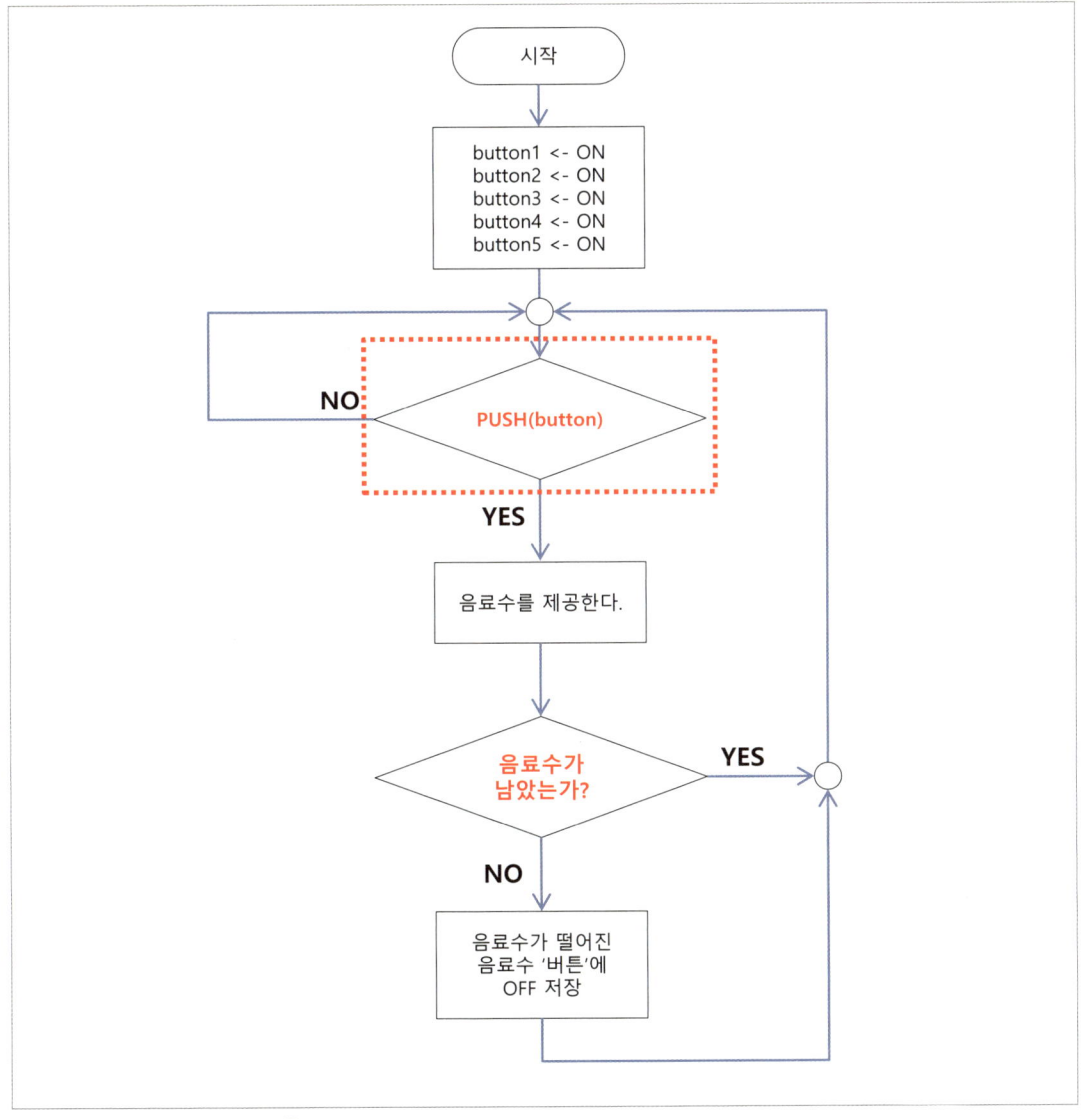

순서도 20 명령어 'PUSH(button)'을 정의한 무료 음료수 자동판매기 SW 코딩

SW 코딩 테스트 **11**

무료 음료수 제공 자동판매기 SW 코딩하기(6)
이용자가 어떤 음료수 선택 'button'을 눌렀는가를 확인하기(1)

무료 음료수 자동판매기에서 음료수를 제공하기 위해서는 선택한 음료수의 'button'을 알아야 한다. 선택 음료수 'button'을 알아야 그 'button'과 연결된 음료수를 제공할 수 있다. 그렇다면 이용자가 어떤 음료수를 선택하였는가를 확인하는 명령어는 언제 작동되어야 하는가? 이용자가 선택한 음료수 'button'을 확인할 경우에 달라지는 것은 무엇인가? 지금부터 내용을 확인해 봅시다.

1 SW 코딩을 위한 힌트

이용자가 무료 음료수 자동판매기에서 어떤 음료수 선택 'button'을 눌렀는가를 확인하기 위해서는 여러 단계를 거쳐야 하며 준비할 내용도 여러 가지가 있다. 처음부터 이 모든 내용을 자세하게 표현하는 것은 어려울 뿐만 아니라 효율적이지도 않다. 그러하기 때문에 실수도 빈번히 발생한다. 이러한 문제를 없애기 위하여 SW 코딩 시에 적용하는 기법이 '추상화(abstraction)'와 '문제분해(problem decomposition)'라고 하였다. '추상화'와 '문제분해'는 컴퓨팅 사고력(Computational Thinking: CT)의 핵심이며, SW 코딩 작업의 핵심이다.[23] 【SW 코딩 테스트 11】에서는 이용자가 어떤 음료수 선택 'button'을 눌렀는가를 확인할 수 있는 '추상화' 작업을 처리한다.

2 자연어로 표현하기

이용자가 어떤 음료수 'button'을 눌렀는가를 확인하는 내용을 추가한 SW 코딩을 자연어로 표현하면 다음과 같다.

> ① 무료 음료수 자동판매기를 시작한다.
> ② 음료수 선택 버튼의 변수인 'button'에 음료수가 있다는 표시를 한다. 이를 위하여 'button' 변수에 'ON' 값을 저장한다.
> ③ 무료 음료수 자동판매기의 버튼이 눌렸는가를 확인한다. 이를 위하여 'PUSH(button)'인가를 확인한다.
> ④ 'PUSH(button)'이 감지되었다면 음료수 선택 'button'을 확인한다.
> ⑤ 선택 음료수 'button'의 음료수를 제공한다.
> ⑥ 무료 음료수를 제공한 후에 선택 'button'의 음료수가 남아 있는가를 확인한다.
> ⑦ 무료 음료수를 제공한 후에 선택 'button'의 음료수가 남아 있지 않다면, 음료수가 없다는 것을 해당 음료수 선택 'button'에 표시한다. 이를 위하여 해당 음료수 'button'에 'OFF' 값을 저장한다.
> ⑧ 계속해서 무료 음료수 자동판매기의 버튼이 'PUSH(button)'인가를 확인한다.

자연어 표현 16 무료 음료수 제공 자동판매기 프로그램(6)

---

23) 자세한 내용은 "이재호(2017). 생활 속 SW 코딩의 발견 ①. 도서출판정일."의 96쪽 '추상화와 문제분해를 생각해보자!'를 참조하라.

3 순서도로 표현하기

이용자가 어떤 음료수 'button'을 눌렀는가를 확인하는 내용을 추가한 SW 코딩을 순서도로 표현하면 다음과 같다.

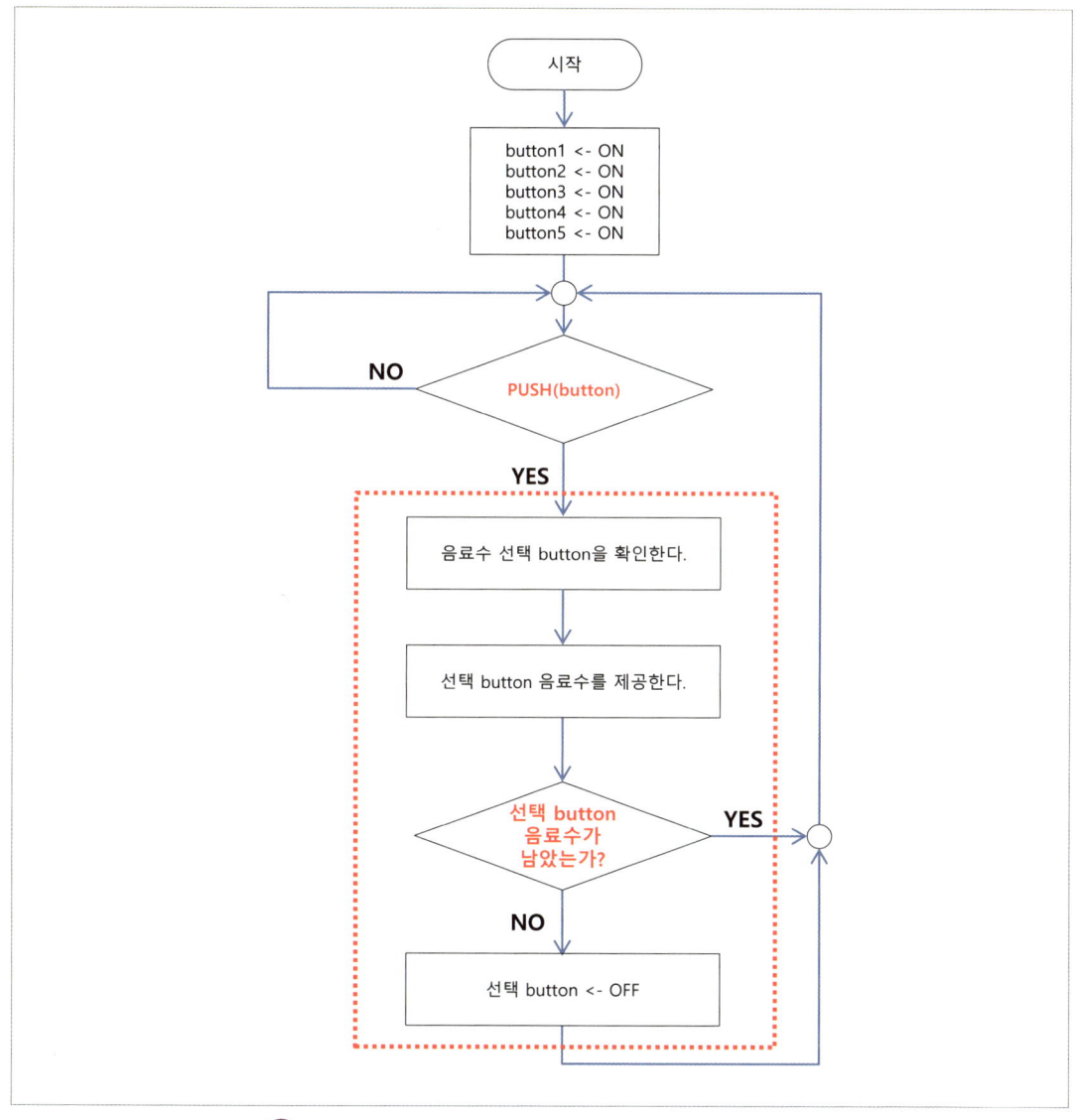

순서도 ㉑ 음료수 선택 'button'을 확인하는 무료 음료수 자동판매기 SW 코딩

SW 코딩 테스트 12

무료 음료수 제공 자동판매기 SW 코딩하기(7)

이용자가 어떤 음료수 선택 'button'을 눌렀는가를 확인하기(2),
'button' 번호를 확인하는 함수 정의하기

무료 음료수 자동판매기에서 이용자가 선택한 음료수를 제공하기 위해서는 이용자가 어떤 음료수 'button'을 눌렀는지를 알아야 한다. 즉, 음료수 'button' 번호를 알아야 한다. 이용자가 선택한 음료수의 'button' 번호를 알아야 그 'button'과 연결된 음료수를 제공할 수 있다. 그렇다면 이용자가 어떤 음료수를 선택하였는가를 확인하는 명령어는 언제 작동되어야 하는가? 이용자가 선택한 음료수 'button' 번호를 확인하기 위하여 필요한 것은 무엇이며 달라지는 것은 무엇인가? 지금부터 내용을 확인해 봅시다.

1 SW 코딩을 위한 힌트

'button' 번호를 확인한 후에는 어떻게 하는가? 'button' 번호 값을 저장해야 한다. 'button' 번호 값은 이용자가 누르는 'button'이 달라질 수 있기 때문에, 지속적으로 변화하는 내용이다. 즉, 'button' 번호 값은 '변수'인 것이다.

SW 프로그램에서 사용하는 '변수'는 미리 선언되어야 한다. 그렇기 때문에 'button' 번호를 저장하는 변수가 미리 정의(선언)되어야 하며, 이를 '선언문(declaration statement)'이라고 하였다.[24] SW 프로그램의 동작 부분에서 사용하기 위해서는 미리 선언되어야 한다는 것을 잊어버리지 말자!

[순서도 22]에서는 'button' 번호가 저장되는 변수 이름을 'n'으로 정의하였다.

'button' 번호를 확인하는 함수는 어떻게 정의하는 것이 좋은가? 함수 이름은 'GET'으로 정의하고, 매개변수는 'buttonNumber'로 정의한다. 결과적으로 'GET(buttonNumber)'가 'button' 번호를 확인하는 함수다. 이후 'GET(buttonNumber)'에서 가져온 'button' 번호

---

24) 자세한 내용은 "이재호(2017). 생활 속 SW 코딩의 발견 ①. 도서출판정일."의 177쪽 '선언부와 동작부 이해하기'를 참조하라.

는 이를 저장하는 변수인 'n'에 다음과 같이 배정해야 한다.

n ← GET(buttonNumber)

2 자연어로 표현하기

이용자가 어떤 음료수 'button'을 눌렀는가를 알기 위하여 'button' 번호를 확인하는 내용을 추가한 SW 코딩을 자연어로 표현하면 다음과 같다.

① 무료 음료수 자동판매기를 시작한다.
② 음료수 선택 버튼의 변수인 'button'에 음료수가 있다는 표시를 한다. 이를 위하여 'button' 변수에 'ON' 값을 저장한다.
③ 무료 음료수 자동판매기의 버튼이 눌렸는가를 확인한다. 이를 위하여 'PUSH(button)' 인가를 확인한다.
④ 'PUSH(button)'이 감지되었다면, 이용자가 선택한 음료수 'button'의 '번호'를 확인한 후에 변수 'n'에 저장한다.
⑤ 'button(n)'의 음료수(n번째 button의 음료수)를 제공한다.
⑥ 무료 음료수를 제공한 후에 'button(n)'의 음료수가 남아 있는가를 확인한다.
⑦ 무료 음료수를 제공한 후에 'button(n)'의 음료수가 남아 있지 않다면, 음료수가 없다는 것을 'button(n)'에 표시한다. 이를 위하여 해당 음료수 'button(n)'에 'OFF' 값을 저장한다.
⑧ 계속해서 무료 음료수 자동판매기의 버튼이 'PUSH(button)' 인가를 확인한다.

자연어 표현 17 무료 음료수 제공 자동판매기 프로그램(7)

3 순서도로 표현하기

이용자가 어떤 음료수 'button'을 눌렀는가를 알기 위하여 'button' 번호를 확인하는 내용을 추가한 SW 코딩을 순서도로 표현하면 다음과 같다.

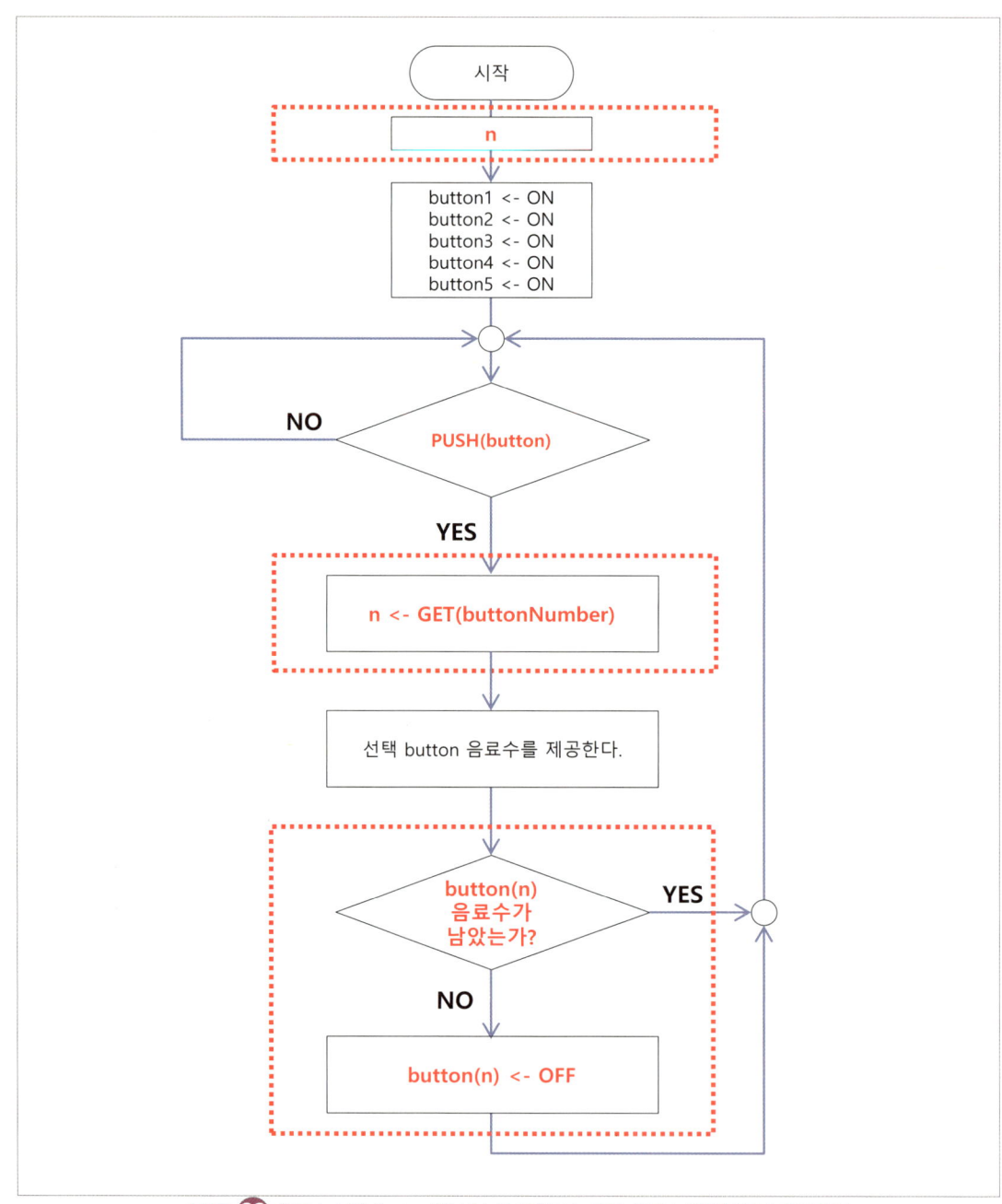

순서도 22 음료수 선택 'button'의 번호를 확인하는 무료 음료수 자동판매기 SW 코딩

SW 코딩 테스트 **13**

무료 음료수 제공 자동판매기 SW 코딩하기(8)

이용자가 선택한 음료수를 제공하는 함수 정의하기

프로그램은 '명령어의 집합'이라고 했다. 여러 종류의 명령어들이 정의되어 조화롭게 작동되는 것이 SW 프로그램이다.
이용자가 선택한 음료수를 제공하라는 명령어(함수)는 어떻게 정의하는 것이 좋은가?
명령어를 정의하기 위해서 고려해야 할 사항은 무엇인가? 지금부터 내용을 확인해 봅시다.

1 SW 코딩을 위한 힌트

무료 음료수 자동판매기에서 이용자가 선택한 음료수를 제공하는 명령어(함수)를 무엇이라고 하면 좋을까? 'RELEASE'라고 정의하면 좋겠다. 그렇다면 매개변수(parameter)는 무엇이 되어야 하는가?

'RELEASE(button(n))'은 어떠한가? 이것은 'button(n)'을 제공하라는 의미다. 무료로 제공되는 음료수가 'button(n)'과 연결되어 있기는 하나, 어딘지 모르게 어색하다.

해결책은 무엇인가?

"이용자가 선택한 음료수를 제공하다."는 의미가 담겨야 한다.
그렇기 때문에 'RELEASE(이용자가 선택한 음료수)'로 표시되어야 한다. 그렇다면 '이용자가 선택한 음료수'는 어떻게 정의해야 하는가? 음료수는 'button'과 연결된다고 하였으며, 'button'은 5개가 설치된다고 정의하였기에, 음료수도 5개로 가정하면 된다.

이상의 내용을 종합하면 'RELEASE(drink(n))'으로 정의할 수 있다.

> **창의적으로 생각해봅시다!**
>
> 이상에서 논의한 내용인 무료 음료수 자동판매기에서 이용자가 선택한 음료수를 제공하는 명령어(함수)에 대한 정의 내용 중 누락된 것이나, 보충할 내용 등을 창의적으로 생각해서 정리해봅시다.

2 자연어로 표현하기

이용자가 선택한 음료수를 제공하는 함수를 포함한 SW 코딩을 자연어로 표현하면 다음과 같다.

> ① 무료 음료수 자동판매기를 시작한다.
> ② 음료수 선택 버튼의 변수인 'button'에 음료수가 있다는 표시를 한다. 이를 위하여 'button' 변수에 'ON' 값을 저장한다.
> ③ 무료 음료수 자동판매기의 버튼이 눌렸는가를 확인한다. 이를 위하여 'PUSH(button)' 인가를 확인한다.
> ④ 'PUSH(button)'이 감지되었다면, 이용자가 선택한 음료수 'button'의 '번호'를 확인한 후에 변수 'n'에 저장한다.
> ⑤ 'button(n)'과 연결된 음료수(n번째 drink)를 제공하는 'RELEASE(drink(n))'을 실행한다.
> ⑥ 무료 음료수를 제공한 후에 'button(n)'의 음료수가 남아 있는가를 확인한다.
> ⑦ 무료 음료수를 제공한 후에 'button(n)'의 음료수가 남아 있지 않다면, 음료수가 없다는 것을 'button(n)'에 표시한다. 이를 위하여 해당 음료수 'button(n)'에 'OFF' 값을 저장한다.
> ⑧ 계속해서 무료 음료수 자동판매기의 버튼이 'PUSH(button)' 인가를 확인한다.

자연어 표현 18 무료 음료수 제공 자동판매기 프로그램(8)

3 순서도로 표현하기

이용자가 선택한 음료수를 제공하는 함수를 포함한 SW 코딩을 순서도로 표현하면 다음과 같다.

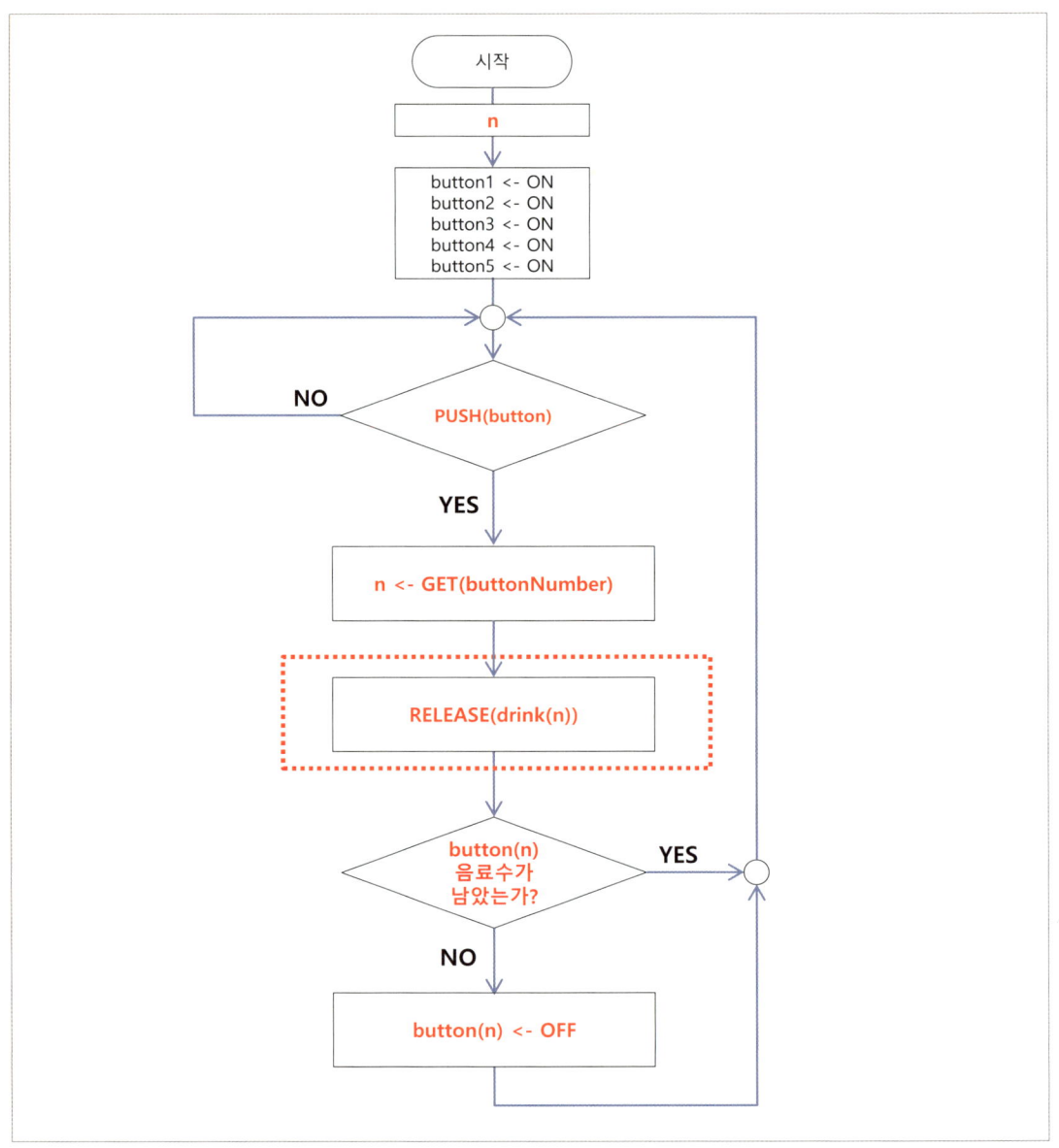

순서도 23 선택 음료수를 제공하는 함수가 정의된 무료 음료수 자동판매기 SW 코딩

SW 코딩 테스트 **14**

무료 음료수 제공 자동판매기 SW 코딩하기(9)

음료수별로 자동판매기에 저장하는 개수를 정의하고,
음료수를 제공한 후에 남은 음료수 개수 계산하기

무료로 제공하는 음료수가 남아 있는가를 확인하기 위해서는
자동판매기에 음료수 저장 개수를 기억하고 있다가 음료수가 제공될 때마다 음료수 개수를
하나씩 감소시키는 작업을 해야 한다. 이러한 작업을 위해서는 무엇이 필요한가?
지금부터 내용을 확인해 봅시다.

1 SW 코딩을 위한 힌트

이제 [순서도 23]의 내용 중 한 가지만 해결하면 된다. 그것은 "button(n) 음료수가 남았는가?"이다. 음료수가 남아있는가를 확인할 수 있는 방법은 무엇인가?

첫째, 음료수가 자동판매기에 몇 개 저장되는가를 결정해야 한다. 그래야만 자동판매기가 음료수를 하나씩 제공할 때마다 계산하여 남은 음료수를 확인할 수 있다. 여기에서는 5가지 종류의 음료수별로 50개의 음료수가 저장된다고 가정한다.

둘째, 음료수가 선택되어서 이용자에게 제공될 때마다, 아래 명령어와 같이 음료수 개수를 하나씩 줄여 나가야 한다.

$$drink(n) \leftarrow drink(n) - 1$$

1씩 감소시키는 작업(decrement)으로, SW 프로그램 개발 작업에서 많이 적용하게 된다. 1씩 감소시키는 작업인 decrement와 같이 1씩 증가시키는 작업인 increment도 SW 코딩 작업에서 자주 사용되는 기법이다. increment가 사용되는 대표적인 사례는 시간을 1초씩 증가시키는 것이다.[24]

> **창의적으로 생각해봅시다!**
>
> 이상에서 논의한 음료수가 남아있는가를 확인할 수 있는 방법에 대한 설명 중 누락된 것이나, 보충할 내용 등을 창의적으로 생각해서 정리해봅시다.

> **창의적으로 생각해봅시다!**
>
> 1씩 증가시키기(increment)와 1씩 감소시키기(decrement)의 실제적인 활용 사례를 창의적으로 찾아 정리해봅시다.

---

[24] increment와 decrement에 대한 자세한 내용은 "이재호(2017). 생활 속 SW 코딩의 발견 ①. 도서출판정일."의 157쪽 '변수 값을 1씩 증가시키기기'를 참조하라.

2 자연어로 표현하기

음료수별로 50개씩 저장된 자동판매기에서 음료수가 제공될 때마다 음료수 개수를 하나씩 감소시키는 SW 코딩을 자연어로 표현하면 다음과 같다.

① 무료 음료수 자동판매기를 시작한다.
② 음료수 선택 버튼별로 저장되는 음료수 개수를 나타내는 변수인 'drink'에 각각 '50' 개씩 저장되었다는 것을 나타낸다.
③ 음료수 선택 버튼의 변수인 'button'에 음료수가 있다는 표시를 한다. 이를 위하여 'button' 변수에 'ON' 값을 저장한다.
④ 무료 음료수 자동판매기의 버튼이 눌렸는가를 확인한다. 이를 위하여 'PUSH(button)' 인가를 확인한다.
⑤ 'PUSH(button)'이 감지되었다면, 이용자가 선택한 음료수 'button'의 '번호'를 확인한 후에 변수 'n'에 저장한다.
⑥ 'button(n)'과 연결된 음료수(n번째 drink)를 제공하는 'RELEASE(drink(n))'을 실행한다.
⑦ 'n' 번째 음료수(drink(n))를 제공한 후에는 음료수 개수를 1씩 감소시킨다(drink(n) ← drink(n) −1).
⑧ 무료 음료수를 제공한 후에 'button(n)'의 음료수가 남아 있는가를 확인한다. 즉, drink(n)의 개수가 '0'이 아닌지 확인한다.
⑨ 무료 음료수를 제공한 후에 'drink(n)'의 값이 '0' 이라면, 음료수가 없다는 것을 'button(n)'에 표시한다. 이를 위하여 해당 음료수 'button(n)'에 'OFF' 값을 저장한다.
⑩ 계속해서 무료 음료수 자동판매기의 버튼이 'PUSH(button)' 인가를 확인한다.

자연어 표현 19 자연어를 이용한 음료수 자동판매기 활용 프로그램(2)

3 순서도로 표현하기

음료수별로 50개씩 저장된 자동판매기에서 음료수가 제공될 때마다 음료수 개수를 하나씩 감소시키는 SW 코딩을 순서도로 표현하면 다음과 같다.

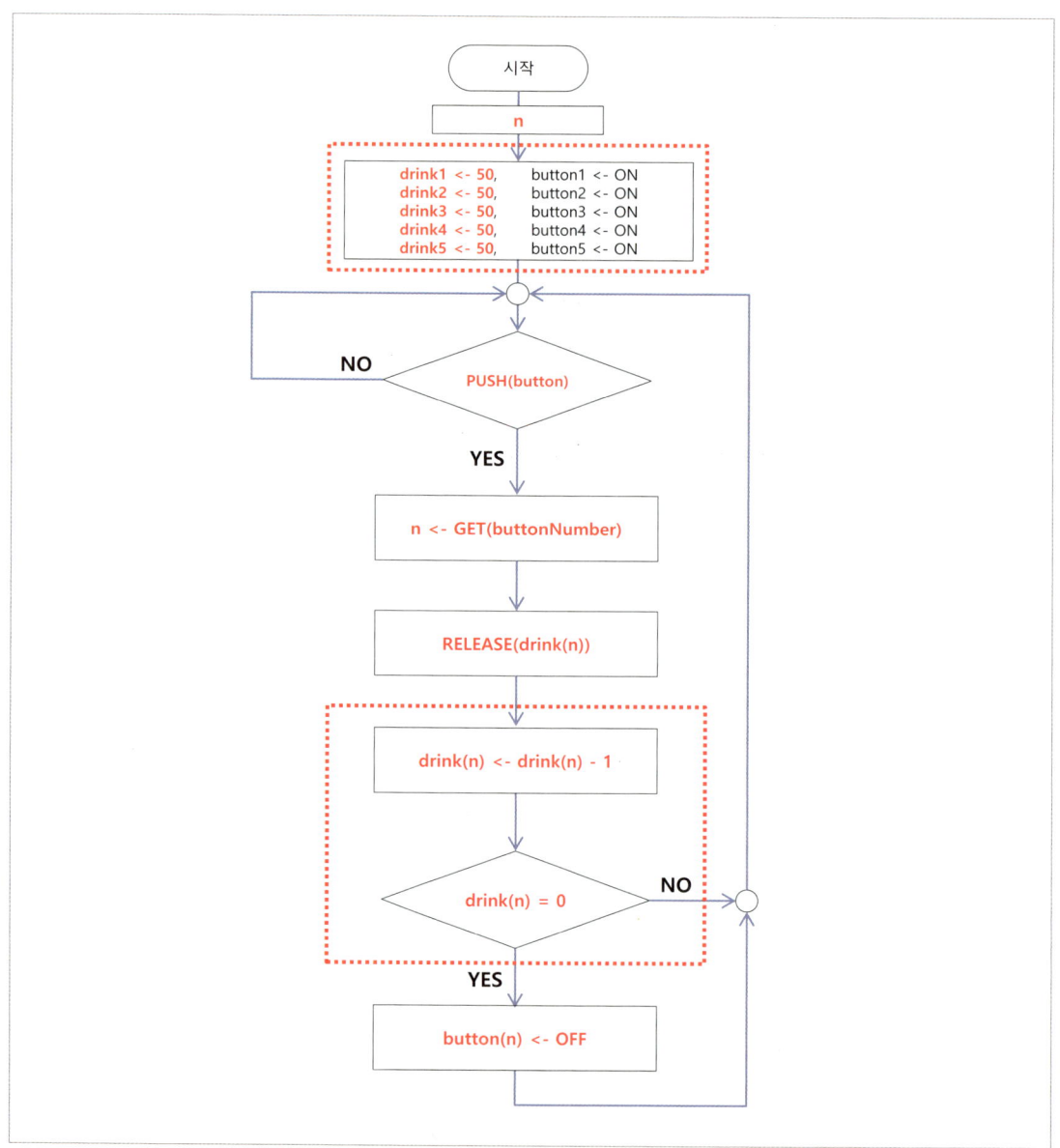

순서도 24 음료수별 저장 개수 정의 및 남은 음료수 개수를 계산하는 무료 음료수 자동판매기 SW 코딩

창의적으로 찾아봅시다!

[순서도 23]과 [순서도 24]의 차이점은 무엇인가? 차이점을 찾아보고 그 이유를 생각해봅시다.

SW 코딩 테스트 15
의사코드를 이해하자[26]

컴퓨팅 사고력의 핵심은 추상화(abstraction)와 문제분해(problem decomposition) 그리고 자동화(automation)라고 하였다. SW 프로그램을 개발하기 위해서는 문제를 추상화하고 작은 단위로 문제를 분해해 가면서 최종적으로 해결할 내용을 표현해 나가야 한다. 표현한다는 것은 SW 프로그램을 작성하는 것이고, 이것은 SW 코딩의 과정이다. 이 때 사용할 수 있는 방법은 다양하다고 하였다. 우리가 일상생활 속에서 사용하는 자연어(natural language), 순서도(flow chart), 의사코드(pseudo code), 프로그래밍 언어(programming language) 등이 그것이다. 실제 프로그래밍 언어와 가장 유사한 방법은 의사코드를 이용하는 것이다. 의사코드를 이용하면 언플러그드 방식의 SW 코딩을 할 수 있다. 의사코드는 가짜 SW 코드이다. 그러나 의사코드를 이용하여 SW 프로그램을 표현할 수 있다면, 실제 SW 코딩이 가능하다. 지금부터 의사코드를 이용하여 표현하는 방법을 확인해 봅시다.

26) 자세한 내용은 "이재호(2017). 생활 속 SW 코딩의 발견 ①. 도서출판정일." 의 165쪽 '의사코드 이해하기'를 참조하라.

1 순서도 vs. 의사코드

순서도로 작성한 내용을 의사코드로 변환하여 정리해 보자. 의사코드는 '변수 선언', '초기값 지정', '프로그램 실행 내용' 등을 정리하는 순서로 작성한다.

순서도 내용을 의사코드로 변환할 때 사용하는 키워드는 무엇인가? 다음과 같은 "IF ~ THEN ~ ELSE", "IF ~ THEN", "WHILE ~ DO", "DO ~ UNTIL" 등의 구조가 사용된다.

첫 번째 키워드는 "IF (조건) THEN ~ ELSE"다. 이 구조는 '조건'이 만족할 때와 만족하지 않을 때를 구분하여 처리해야 할 명령을 정의할 수 있기 때문에, SW 코딩시에 가장 많이 사용하는 키워드 중 하나이다.

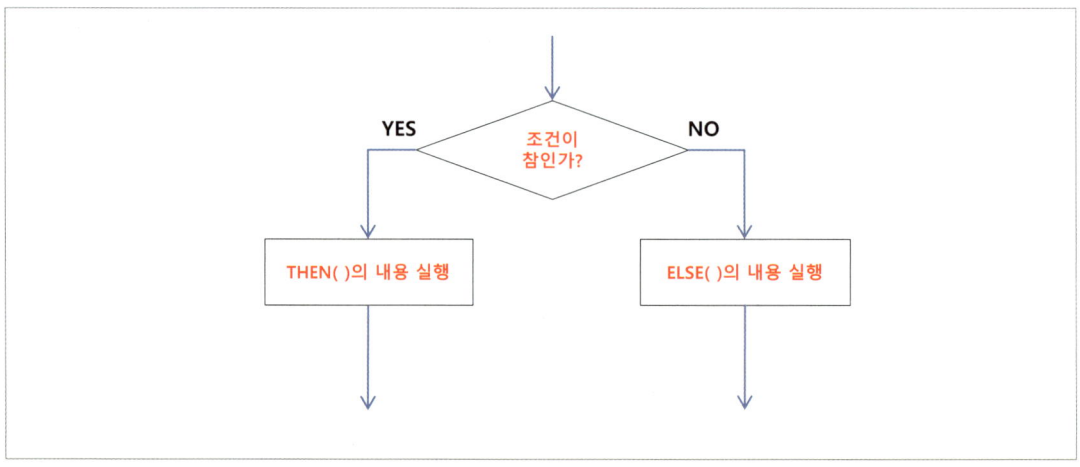

순서도 25 IF ~ THEN ~ ELSE 구조의 순서도

IF (조건)　THEN　(조건이 '참(TRUE)'이면 실행한다.)
　　　　　ELSE　(조건이 '거짓(FALSE)'이면 실행한다.)

[의사코드 1] IF ~ THEN ~ ELSE 의사코드 구조

두 번째 키워드는 "IF (조건) THEN"이다. 이 구조는 '조건'이 만족할 경우에는 실행할 명령어가 있으나, 만족하지 않을 경우에는 특별히 실행할 명령어가 없는 키워드다.

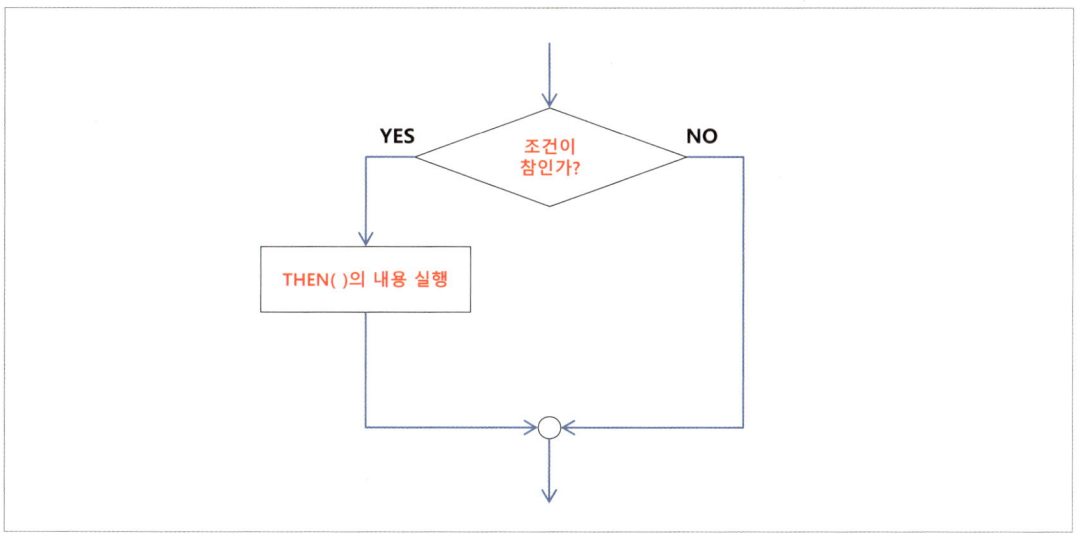

순서도 26 IF ~ THEN 구조의 순서도

IF (조건)　**THEN**　(조건이 '참(TRUE)'이면 실행한다.)
/* 조건이 참인 경우에 시행하는 THEN 절의 내용은 있으나, 조건이 거짓일 경우에 시행하는 ELSE 절에 대한 내용은 없다. */

[의사코드 2] **IF ~ THEN** 의사코드 구조

창의적으로 생각해봅시다!

(1) SW 코딩 초보자들은 "IF (조건) THEN" 구조를 어색하게 여기는 경우를 종종 보게 된다. 꼭 'IF' 명령어는 'THEN'절과 'ELSE'절이 있어야 한다고 생각하기 쉬우나, 꼭 그렇지 않다는 것을 명심해야한다.
(2) 일상생활의 내용 중에도 "IF (조건) THEN" 구조를 적용해야 하는 경우를 종종 발견할 수 있다.
(3) SW 코딩과 관련된 내용 중 "IF (조건) THEN" 구조로 표현할 수 있는 내용들을 창의적으로 찾아봅시다.

세 번째 키워드는 "WHILE (조건) ~ DO"이다. 이 구조는 '조건'이 만족하는 동안 정해진 명령들을 실행하는 키워드다. 결과적으로 '조건'이 '참(TRUE)'인 동안 명령들을 실행한다.

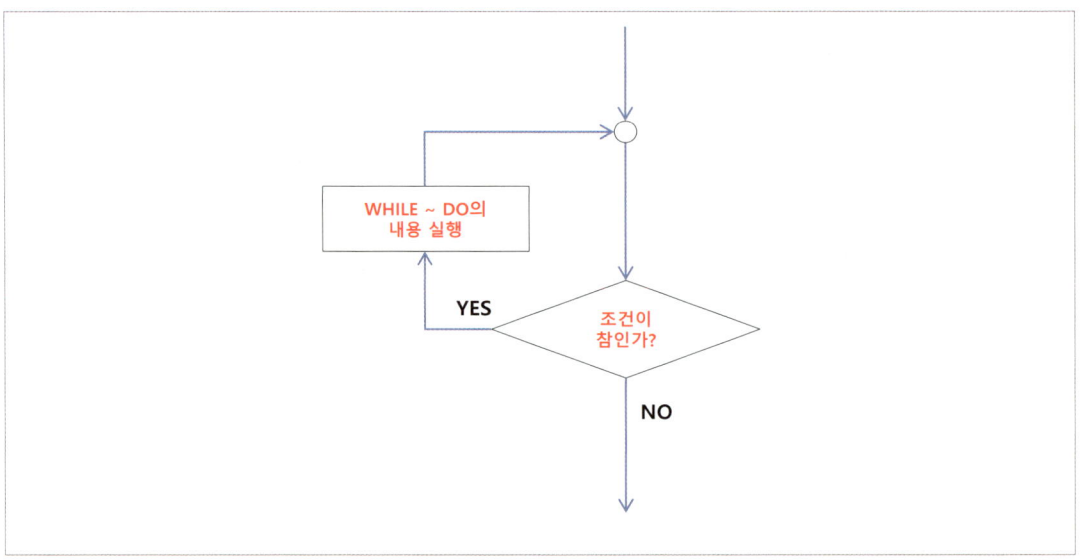

순서도 27 WHILE ~ DO 구조의 순서도

WHILE (조건)
 {조건이 '참(TRUE)'인 동안 반복적으로 실행한다.}
DO

[의사코드 3] WHILE ~ DO 의사코드 구조

네 번째 키워드는 "DO ~ UNTIL (조건)"이다. 이 구조는 '조건'이 만족할 때까지 명령들을 실행하는 키워드다. 결과적으로 '조건'이 '거짓(FALSE)'인 동안 명령을 실행한다.

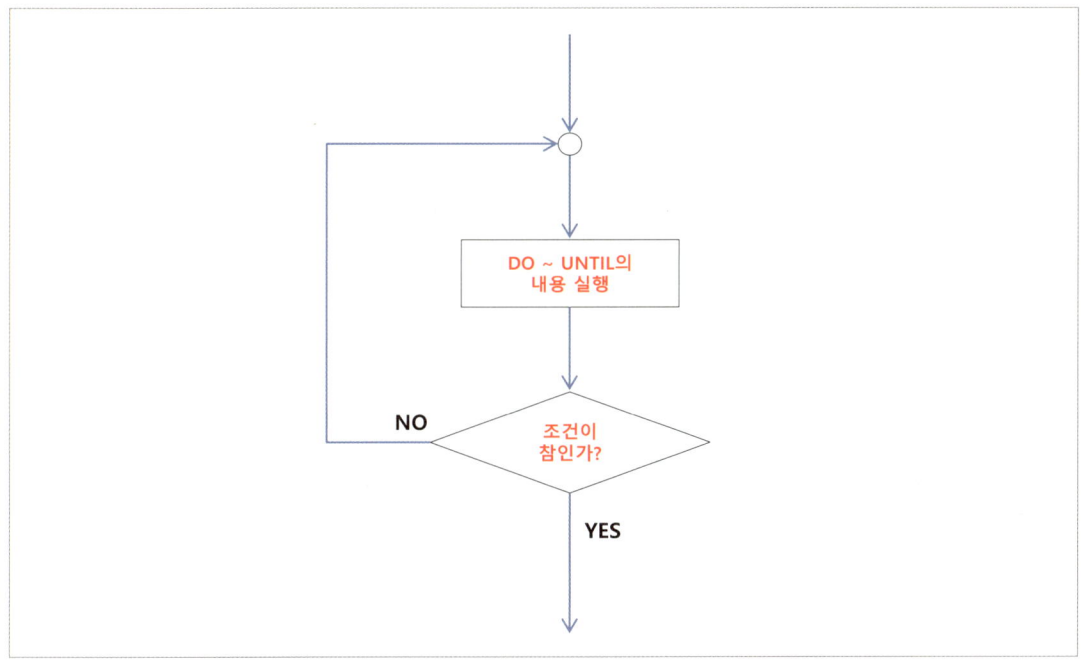

순서도 28 DO ~ UNTIL 구조의 순서도

DO
 {조건이 '참(TRUE)'이 될 때까지 반복적으로 실행한다.}
UNTIL (조건)

[의사코드 4] DO ~ UNTIL 의사코드 구조

2 WHILE ~ DO vs. DO ~ UNTIL

'WHILE ~ DO'와 'DO ~ UNTIL' 명령어는 어떤 차이가 있을까?

두 종류의 명령어 모두 반복을 지정하는 명령어이다. 그러나 'WHILE ~ DO' 명령어는 조건이 참인 동안 지정된 명령어를 반복하는 것이고, 'DO ~ UNTIL' 명령어는 조건이 참이 될 때까지 지정된 명령어를 반복하는 것이다. 두 종류의 명령어가 실행되는 개념을 순서도로 표현한 것이 [순서도 29]와 [순서도 30]이다.

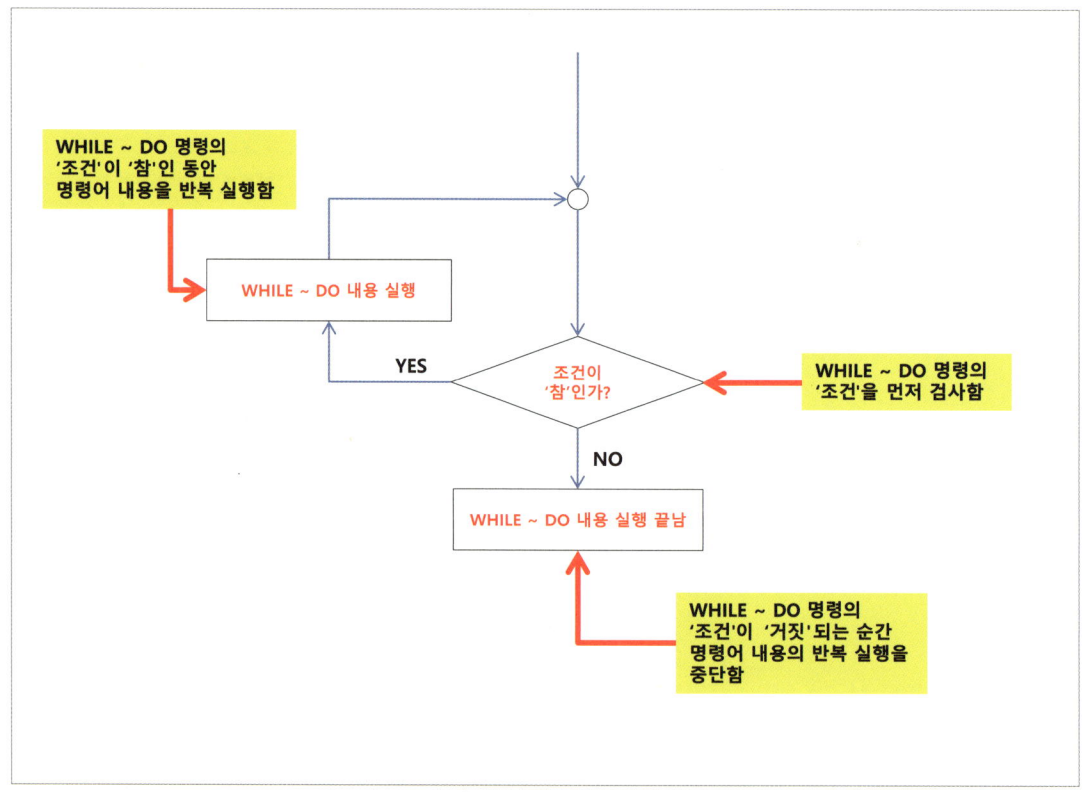

순서도 29 WHILE ~ DO 명령어의 순서도

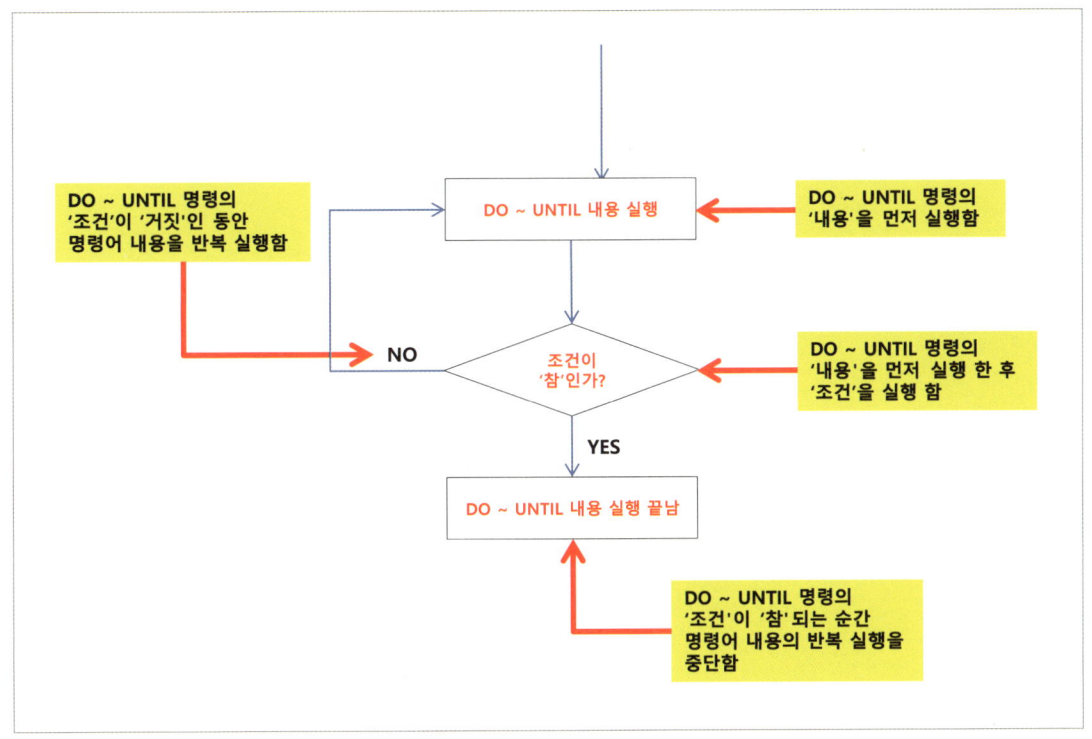

순서도 30 DO ~ UNTIL 명령어의 순서도

7 의사코드로 표현하자

[순서도 23]의 내용을 의사코드로 표현하면 다음과 같다.

```
/* 선언 부분, 데이터 선언 */
n                          /* 음료수 버튼 번호를 저장하는 변수 */
drink1 ← 50                /* 첫 번째 음료수 개수는 50개 */
drink2 ← 50                /* 두 번째 음료수 개수는 50개 */
drink3 ← 50                /* 세 번째 음료수 개수는 50개 */
drink4 ← 50                /* 네 번째 음료수 개수는 50개 */
drink5 ← 50                /* 다섯 번째 음료수 개수는 50개 */
button1 ← ON               /* 첫 번째 음료수와 연결된 버튼에 불을 켬 */
button2 ← ON               /* 두 번째 음료수와 연결된 버튼에 불을 켬 */
button3 ← ON               /* 세 번째 음료수와 연결된 버튼에 불을 켬 */
button4 ← ON               /* 네 번째 음료수와 연결된 버튼에 불을 켬 */
button5 ← ON               /* 다섯 번째 음료수와 연결된 버튼에 불을 켬 */

/* 동작 부분, 프로그램 실행 내용 */
WHILE (TRUE)               /* 무한루프로 시행 */
{
  IF (PUSH(button))        /* 버튼이 눌렸는가를 확인함 */

  THEN   {                 /* 버튼이 눌렸을 때 실행하는 모듈 */
    n ← GET(buttonNumber)  /* 버튼 번호를 변수 n에 저장함 */
    RELEASE(drink(n))      /* n 값에 저장된 음료수를 제공함 */
    drink(n) ← drink(n) - 1 /* 제공한 음료수의 개수를 하나 줄임 */
    IF (drink(n) = 0)      /* 음료수를 제공하고 난 후에도 음료수가 남아있는가를 확인함 */
    THEN (button(n) ← OFF) /* 음료수가 남아있지 않을 경우 음료수 버튼의 불을 끔 */
  }
}
DO
```

[의사코드 5] 음료수별 저장 개수 정의 및 남은 음료수 개수를 계산하는 무료 음료수 자동판매기 SW 코딩

SW 코딩 테스트 **16**

무료 음료수 제공 자동판매기 SW 코딩하기(10)
무료 음료수를 이용하기 위해서 '선택' 버튼을 '3초' 간 눌러야 하는 경우 가정하기

KTX의 특실 고객에게 제공하는 무료 음료수 자동판매기의 경우 '특실'이라고 표시된 '버튼'을 '3초' 간 눌러야만 이용 가능한 '버튼'에 불이 들어온다. 고객들은 불이 들어온 '버튼' 중 하나를 선택하여 무료로 생수를 제공받게 된다. 지금까지 설명한 무료 음료수 제공 자동판매기와는 동작 방식이 다르기 때문에 SW 프로그램도 달라져야 한다. 어떤 내용이 달라져야 하는가? 지금부터 내용을 확인해 봅시다.

1 SW 코딩을 위한 힌트

[SW 코딩 테스트 3]에서 '무료로 이용할 수 있는 자동판매기 이용하기'를 설명하면서, KTX의 특실 고객에게 제공하는 무료 생수 자동판매기의 동작 방식을 설명하였다. 이 때 설명한 핵심 사항은 다음과 같았다.

무료 음료수 자동판매기를 이용하기 위해서는 '특실'이라는 'button'을 '3초' 간 눌러야 했다. 즉, 자동판매기가 동작하지 않을 때는 음료수 선택 'button'이 'OFF' 상태를 유지한다는 것이다.

그렇기 때문에 지금까지 설명한 무료 음료수 자동판매기와는 동작 방식에서 차이가 있으며, 그 내용은 다음과 같다. 음료수 선택 'button'은 무료 음료수 자동판매기가 시작할 때 'ON' 상태로 시작하여 제공할 음료수가 떨어졌을 때 'OFF' 상태로 전환되도록 설계되었었다.

지금까지 설명한 무료 음료수 자동판매기에서의 'OFF'는 '음료수가 떨어졌음'을 의미하였으나, KTX 특실 고객이 이용하는 무료 음료수 자동판매기에서의 'OFF'는 "음료수 선택 'button'의 전원을 끄시오."라는 의미이다.

그렇다면 지금까지 작업한 내용 중 어떤 부분이 변경되어야 할까? 지금까지 설명한 자동판매기에서 사용한 'OFF'의 의미를 대신할 수 있는 기호를 정의해야 한다. '음료수가 떨어졌음'을 나타내는 기호는 어떤 것이 좋을까? 'VOID'로 정의한다. 즉, 음료수가 떨어지면 해당 'button'은 'VOID'를 지정한다.

또 달라지는 것은 무엇이 있을까? 무료 음료수 제공 서비스가 종료되면, 모든 'button'은 'OFF'로 지정함으로써 전원을 차단하는 효과를 거둘 수 있게 된다. 그렇기 때문에 KTX 특실 고객이 무료 음료수를 이용하기 위하여 3초간 '특실' 버튼을 누르게 된다면, 음료수 선택 버튼이 'VOID'가 아닌지를 확인하고 'VOID'가 아닌 'button'에 한하여 'ON'을 지정함으로써 특실 고객이 무료 음료수를 선택할 수 있도록 제공한다.

> **창의적으로 생각해봅시다!**
>
> 이상에서 논의한 KTX의 특실 고객에게 제공하는 무료 생수 자동판매기의 동작 방식에 대한 설명 중 누락된 것이나, 보충할 내용 등을 창의적으로 생각해서 정리해봅시다.

2 자연어로 표현하기

무료 음료수를 이용하기 위해서 'SELECT' 버튼을 '3초' 간 눌러야 하는 자동판매기에서 동작하는 SW 프로그램을 자연어로 표현하면 다음과 같다.

① 무료 음료수 자동판매기를 시작한다.
② 음료수 선택 버튼별로 저장되는 음료수 개수를 나타내는 변수인 'drink'에 각각 '50' 개씩 저장되었다는 것을 나타낸다.
③ 음료수 선택 버튼의 변수인 'button'에 사용할 수 없다는 표시를 한다. 이를 위하여 'button' 변수에 'OFF' 값을 저장한다.
④ 무료 음료수를 선택하기 위하여 'SELECT' 버튼을 '3' 초간 눌렀는지를 확인한다.
⑤ 음료수가 저장된 버튼 중 음료수가 있는 'button'에만 불을 켜기 위하여 'ON'을 저장한다.
⑥ 무료 음료수 자동판매기의 버튼이 눌렸는가를 확인한다. 이를 위하여 'PUSH(button)' 인가를 확인한다.
⑦ 'PUSH(button)'이 감지되었다면, 이용자가 선택한 음료수 'button'의 '번호'를 확인한 후에 변수 'n'에 저장한다.
⑧ 'button(n)'과 연결된 음료수(n번째 drink)를 제공하는 'RELEASE(drink(n))'을 실행한다.
⑨ 'n' 번째 음료수(drink(n))를 제공한 후에는 음료수 개수를 1씩 감소시킨다(drink(n) ← drink(n) - 1).
⑩ 무료 음료수를 제공한 후에 'button(n)'의 음료수가 남아 있는가를 확인한다. 즉, drink(n)의 개수가 '0'이 아닌지 확인한다.
⑪ 무료 음료수를 제공한 후에 'drink(n)'의 값이 '0' 이라면, 음료수가 없다는 것을 'button(n)'에 표시한다. 이를 위하여 해당 음료수 'button(n)'에 'VOID' 값을 저장한다.
⑫ 음료수 제공을 위하여 불을 켰던 'button'의 불을 다시 끄기 위하여 'OFF' 값을 저장한다.
⑬ 계속해서 무료 음료수 자동판매기의 버튼이 'PUSH(button)' 인가를 확인한다.

자연어 표현 ⑳ 자연어를 이용한 음료수 자동판매기 활용 프로그램(2)

3 순서도로 표현하기

무료 음료수를 이용하기 위해서 'SELECT' 버튼을 '3초' 간 눌러야 하는 자동판매기에서 동작하는 SW 프로그램을 순서도로 표현하면 다음과 같다.

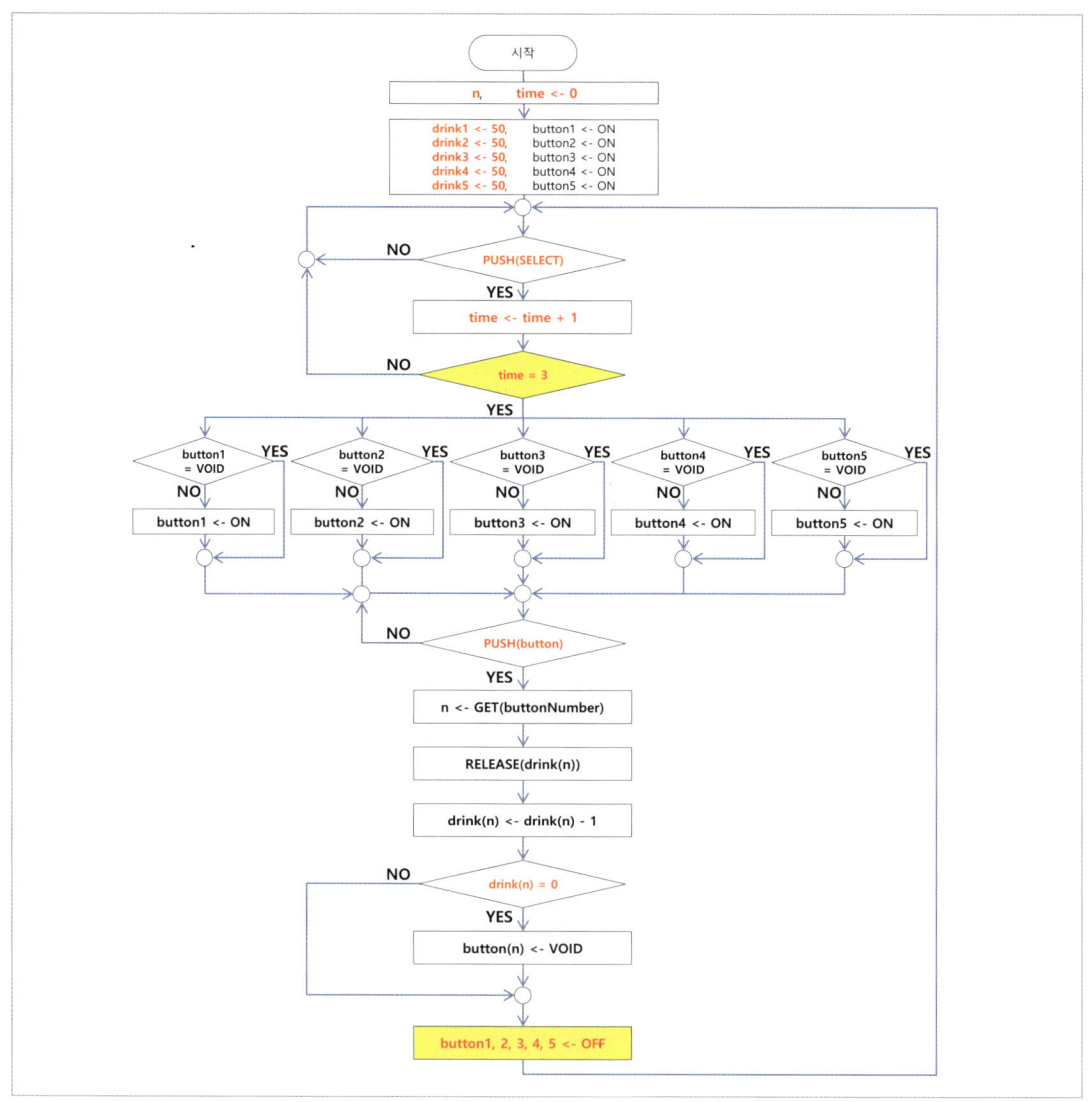

순서도 31 무료 음료수를 이용하기 위해서 '선택' 버튼을 '3초'간 눌러야 하는 무료 음료수 자동판매기 SW 코딩

창의적으로 생각해봅시다!

(1) [순서도 31]의 마지막 부분에 표시한 'button1, 2, 3, 4, 5 ← OFF' 명령어의 내용을 생각해보자.
(2) 이 명령어는 5가지 버튼의 불을 끄라는 것이다. 그러나 음료수 자동판매기의 버튼 중에는 음료수가 떨어져서 'VOID'로 표시되는 것도 있으며, 이러한 버튼은 불을 켜지 않았다.
(3) 그렇다면 버튼의 불이 꺼져있는 것도 다시 끄라는 명령을 내리는 것이다. 만약 음료수가 없는 버튼이 있다면 불필요한 명령을 실행하게 된다.
(4) 이러한 문제점을 해결하기 위해서는 'button1, 2, 3, 4, 5 ← OFF' 명령어를 실행하기 이전에 "음료수가 없는 버튼이 있는가?"를 확인하고 만약 음료수가 없는 버튼을 확인하였다면 이를 제외한 나머지 버튼에만 불을 끄도록 명령을 내려야 한다.
(5) 두 가지 방법 간에는 장단점(trade-off)이 존재한다. 여러분이라면 어떤 방법을 적용하겠는가? 그 이유는 무엇인가 등을 창의적으로 생각해서 정리해봅시다.

4 의사코드로 표현하자

[순서도 31]의 내용을 의사코드로 표현하면 다음과 같다.

```
/* 선언 부분, 데이터 선언 */
n                                      /* 음료수 버튼 번호를 저장하는 변수 */
time ← 0                               /* 시간 변수에 0을 저장 */
drink1 ← 50                            /* 첫 번째 음료수 개수는 50개 */
drink2 ← 50                            /* 두 번째 음료수 개수는 50개 */
drink3 ← 50                            /* 세 번째 음료수 개수는 50개 */
drink4 ← 50                            /* 네 번째 음료수 개수는 50개 */
drink5 ← 50                            /* 다섯 번째 음료수 개수는 50개 */
button1 ← OFF                          /* 첫 번째 음료수와 연결된 버튼에 불을 끔 */
button2 ← OFF                          /* 두 번째 음료수와 연결된 버튼에 불을 끔 */
button3 ← OFF                          /* 세 번째 음료수와 연결된 버튼에 불을 끔 */
button4 ← OFF                          /* 네 번째 음료수와 연결된 버튼에 불을 끔 */
button5 ← OFF                          /* 다섯 번째 음료수와 연결된 버튼에 불을 끔 */
/* 동작 부분, 프로그램 실행 내용 */
WHILE (TRUE)                           /* 무한루프로 시행 */
{
  IF (PUSH(SELECT))                    /* SELECT 버튼이 눌렸는가를 확인함 */
  THEN {                               /* SELECT 버튼이 눌렸을 때 실행하는 모듈 */
        time ← time +1                 /* 시간 변수의 값을 1 증가시킴 */
        IF (PUSH(SELECT) AND (time =3))    /* SELECT 버튼을 누른 시간이 3초가 되었는가를 확인함 */
        THEN {
              IF (button1 <> VOID) THEN (button1 ← ON)   /* button1의 음료수가 있으면 불을 켬 */
              IF (button2 <> VOID) THEN (button2 ← ON)   /* button2의 음료수가 있으면 불을 켬 */
              IF (button3 <> VOID) THEN (button3 ← ON)   /* button3의 음료수가 있으면 불을 켬 */
              IF (button4 <> VOID) THEN (button4 ← ON)   /* button4의 음료수가 있으면 불을 켬 */
              IF (button5 <> VOID) THEN (button5 ← ON)   /* button5의 음료수가 있으면 불을 켬 */
              IF (PUSH(button))        /* 버튼이 눌렸는가를 확인함 */
              THEN    {                /* 버튼이 눌렸을 때 실행하는 모듈 */
                    n ← GET(buttonNumber)     /* 버튼 번호를 변수 n에 저장함 */
                    RELEASE(drink(n))         /* n 값에 저장된 음료수를 제공함 */
                    drink(n) ← drink(n) -1    /* 제공한 음료수의 개수를 하나 줄임 */
```

```
                    IF (drink(n) = 0) THEN (button(n) ← VOID)
                                    /* 음료수를 제공하고 난 후에도 음료수가 남아있는가를
                                       확인한 후, 음료수가 남아있지 않을 경우 음료수 없음 표시
                                       (VOID)를 함 */
                    button1 ← OFF   /* button1의 불을 끔 */
                    button2 ← OFF   /* button2의 불을 끔 */
                    button3 ← OFF   /* button3의 불을 끔 */
                    button4 ← OFF   /* button4의 불을 끔 */
                    button5 ← OFF   /* button5의 불을 끔 */
                    time ← 0        /* time 변수의 값을 '0'으로 초기화함 */
                }
            }
        }
    }
DO
```

[의사코드 6] 무료 음료수를 이용하기 위해서 '선택' 버튼을 '3초'간 눌러야 하는 무료 음료수 자동판매기 SW 코딩

SW 코딩 테스트 **17**

상수를 선언하자

상수(Constant)란 변하지 않는 수를 의미한다. SW 프로그램 개발 시에 자주 변경되지 않을 것으로 생각되는 값을 상수로 선언(지정)할 수 있다. 일상생활 속에서 사용하는 SW 프로그램에서 상수를 선언하는 사례는 쉽게 찾아볼 수 있다. 예를 들면, 휴양지 놀이기구의 '최대 탑승 가능 인원', 엘리베이터의 '최대 허용 무게(Kg)' 등이 상수에 해당한다.[27] 지금부터 상수에 대한 내용을 확인해 봅시다.

---

27) 자세한 내용은 "이재호(2017). 생활 속 SW 코딩의 발견 ①. 도서출판정일." 의 172쪽 '상수 선언 이해하기' 를 참조하라.

1 [순서도 31]의 경우에 상수로 선언할 수 있는 것은 무엇인가?

" '선택 버튼(SELECT button)'을 얼마동안 누르는가?"에 대한 기준인 '3' 초가 상수로 선언할 수 있는 예이다. 즉, "고객이 얼마동안 '선택 버튼'을 누르고 있어야 무료 음료수 버튼을 켤 것인가?"에 대한 기준은 한 번 설정하면 잘 변경하지 않는 값이기 때문에 상수로 설정하기에 적합하다.

그렇다면 이러한 값들을 상수로 선언하면서 기대할 수 있는 점은 무엇인가?
한마디로 이야기 하자면 '유지보수(maintenance)'가 용이해진다는 것이다. 예를 들면 다음과 같다. 무료로 음료수를 제공하기 위한 기준은 "고객이 '선택 버튼'을 누른 시간 변수인 'time'의 값이 '3'이 되었는가?"이다. 만약 무료 음료수를 제공하는 기준 값인 '3'을 '10'으로 수정한다면 어떻게 되겠는가? 간단한 프로그램일 경우에는 프로그램 내용을 확인하면 손쉽게 수정할 수 있을 것이다. 그러나 대형 프로그램의 경우에는 이러한 종류의 변수 값을 찾아 변경하는 것은 그리 쉬운 일이 아니다. 더욱 어려운 점은 SW 프로그램의 여러 곳에서 이러한 내용을 정의했을 때이다. 프로그램 수정을 위하여 한 두 곳을 찾아서 내용을 수정하였으나, 나머지 부분을 찾지 못하여 수정하지 못했다면 SW 프로그램은 의도하지 않은 방식으로 동작하게 될 것이다.

무료로 음료수를 제공하기 위한 기준인 고객이 '선택 버튼을 누른 시간'을 의미하는 상수는 무엇으로 정의하는 것이 좋은가? 'limit' 또는 'time-limit'로 정의하면 좋다. 'limit'로 정의한 상수에 '선택 버튼을 누른 시간'인 '3'을 지정하면 다음과 같다.

$$limit \leftarrow 3$$

창의적으로 찾아봅시다!

SW 프로그램 개발 시에 상수를 적절히 선언하는 것은 매우 중요하다. 일반적으로 SW 프로그램 개발 시에 선언되는 상수는 특정 기준에 대한 '최대값(MAX)'이나 '최소값(MIN)' 등이 될 수 있다. SW 프로그램 작성 시에 상수로 선언할 수 있는 내용들을 다양한 분야에서 창의적으로 찾아봅시다.

2 상수가 선언된 순서도를 표현하자

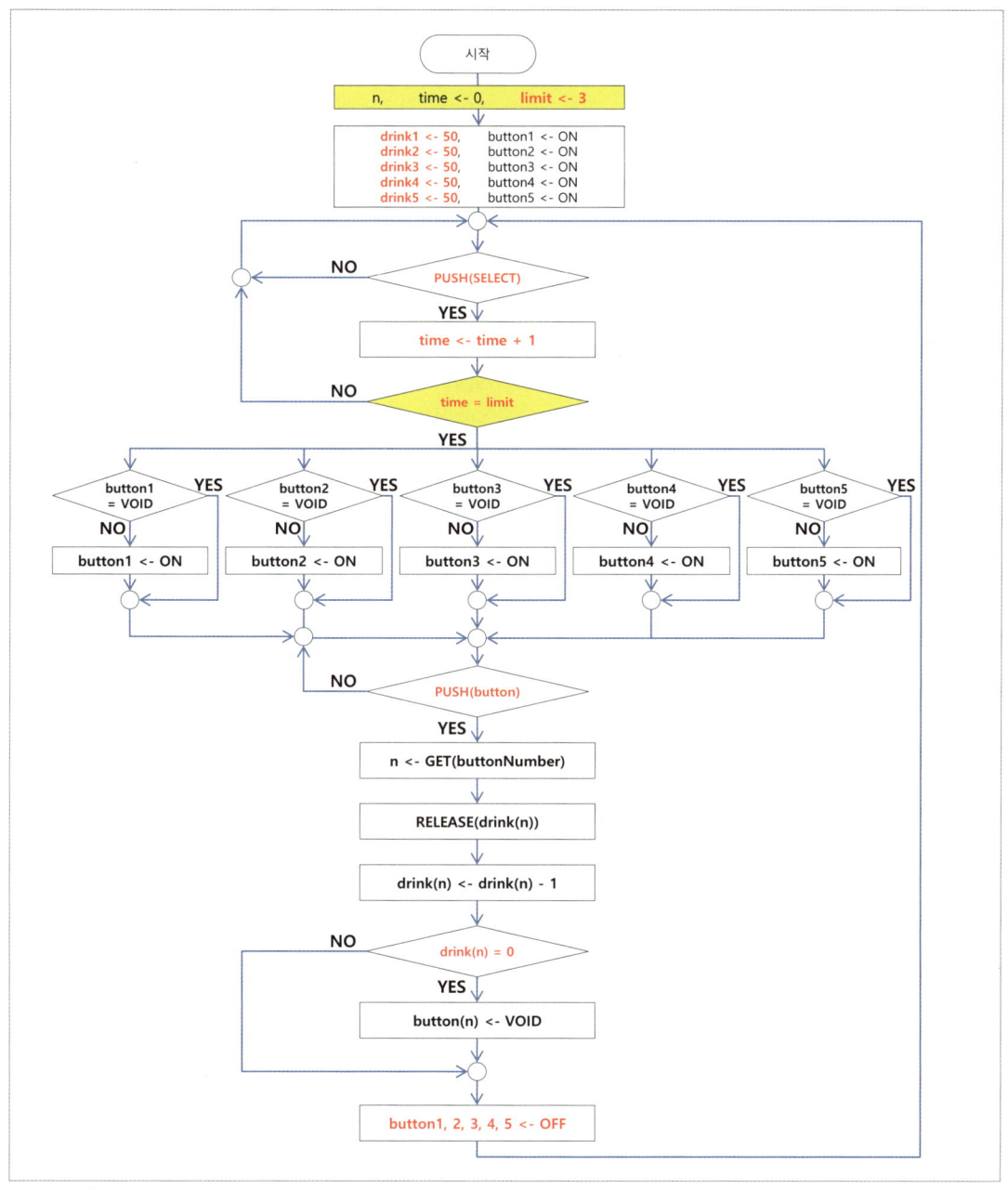

순서도 32 무료 음료수를 이용하기 위해서 '선택' 버튼을 '3초'간 눌러야 하는 무료 음료수 자동판매기 SW 코딩(상수 'limit' 선언 사례)

3 상수가 선언된 의사코드를 표현하자

```
/* 선언 부분, 데이터 선언 */
n                           /* 음료수 버튼 번호를 저장하는 변수 */
time ← 0                    /* 시간 변수에 0을 저장 */
drink1 ← 50                 /* 첫 번째 음료수 개수는 50개 */
drink2 ← 50                 /* 두 번째 음료수 개수는 50개 */
drink3 ← 50                 /* 세 번째 음료수 개수는 50개 */
drink4 ← 50                 /* 네 번째 음료수 개수는 50개 */
drink5 ← 50                 /* 다섯 번째 음료수 개수는 50개 */
button1 ← OFF               /* 첫 번째 음료수와 연결된 버튼에 불을 끔 */
button2 ← OFF               /* 두 번째 음료수와 연결된 버튼에 불을 끔 */
button3 ← OFF               /* 세 번째 음료수와 연결된 버튼에 불을 끔 */
button4 ← OFF               /* 네 번째 음료수와 연결된 버튼에 불을 끔 */
button5 ← OFF               /* 다섯 번째 음료수와 연결된 버튼에 불을 끔 */

/* 상수 선언 */
limit ← 3                   /* 무료 음료수를 제공하기 위하여 고객이 '선택' 버튼을 눌러야 하는
                               시간 */

/* 동작 부분, 프로그램 실행 내용 */
WHILE (TRUE)                /* 무한루프로 시행 */
{
 IF (PUSH(SELECT))          /* SELECT 버튼이 눌렸는가를 확인함 */
  THEN {                    /* SELECT 버튼이 눌렸을 때 실행하는 모듈 */
    time ← time +1          /* 시간 변수의 값을 1 증가시킴 */
    IF (PUSH(SELECT) AND (time = limit))
                            /* SELECT 버튼을 누른 시간이 3초가 되었는가를 확인함 */
     THEN {
           IF (button1 <> VOID) THEN (button1 ← ON)
                            /* button1의 음료수가 있으면 불을 켬 */
           IF (button2 <> VOID) THEN (button2 ← ON)
                            /* button2의 음료수가 있으면 불을 켬 */
           IF (button3 <> VOID) THEN (button3 ← ON)
                            /* button3의 음료수가 있으면 불을 켬 */
```

```
            IF (button4 <> VOID) THEN (button4 ← ON)
                                /* button4의 음료수가 있으면 불을 켬 */
            IF (button5 <> VOID) THEN (button5 ← ON)
                                /* button5의 음료수가 있으면 불을 켬 */
            IF (PUSH(button))   /* 버튼이 눌렸는가를 확인함 */

                    THEN {      /* 버튼이 눌렸을 때 실행하는 모듈 */
                        n ← GET(buttonNumber)
                                /* 버튼 번호를 변수 n에 저장함 */
                        RELEASE(drink(n))
                                /* n 값에 저장된 음료수를 제공함 */
                        drink(n) ← drink(n) -1
                                /* 제공한 음료수의 개수를 하나 줄임 */
                        IF (drink(n) = 0) THEN (button(n) ← VOID)
                                /* 음료수를 제공하고 난 후에도 음료수가 남아있는가를 확인한 후,
                                   음료수가 남아있지 않을 경우 음료수 없음 표시(VOID)를 함 */
                        button1 ← OFF    /* button1의 불을 끔 */
                        button2 ← OFF    /* button2의 불을 끔 */
                        button3 ← OFF    /* button3의 불을 끔 */
                        button4 ← OFF    /* button4의 불을 끔 */
                        button5 ← OFF    /* button5의 불을 끔 */
                        time ← 0         /* time 변수의 값을 '0'으로 초기화함 */
                    }
        }
    }
}
DO
```

[의사코드 7] 무료 음료수를 이용하기 위해서 '선택' 버튼을 '3초'간 눌러야 하는 무료 음료수 자동판매기 SW 코딩(상수 'limit' 선언 사례)

창의적으로 생각해봅시다!

음료수 자동판매기에서는 한 종류의 음료수만을 판매하는 것이 좋을까? 아니면 여러 종류의 음료수를 판매하는 것이 좋을까?

세상에 존재하는 음료수 자동판매기의 종류는 다양하다. 음료수 자동판매기의 종류가 다양하다는 것은 디자인 측면과 기능 측면 모두를 포함하는 것이다.

음료수 자동판매기에서 판매 중인 음료수의 종류는 어떠한가? 한 종류의 음료수만을 판매하는 자동판매기부터 여러 종류의 음료수를 판매하는 자동판매기까지 다양하다. 그렇다면 음료수 자동판매기를 이용한 사업자 입장에서는 한 종류의 음료수를 판매하는 것이 좋을까? 아니면 여러 종류의 음료수를 판매하는 것이 좋을까? 여기에서 좋다는 것은 투자대비 효과(cost-effectiveness)가 좋은가를 의미한다. 한 마디로 이야기 하자면 음료수 자동판매기를 이용한 사업에서 가장 높은 이윤(profit)을 기대할 수 있는 방법은 무엇인가의 의미이다.

자동판매기에서 음료수를 판매할 방식을 결정하기 위해서는 무엇을 고려해야 할까? 음료수 자동판매기에서 한 종류의 음료수를 판매할 것인지, 아니면 여러 종류의 음료수를 판매할 것인지를 결정하기 위해서 고려해야 할 것들은 무엇이 있을까? 가장 먼저 고려해야 할 것은 음료수 자동판매기가 설치된 장소의 특성이다. 음료수 자동판매기가 설치될 장소에 따라 사용자의 이용 패턴이 다를 수 있기 때문이다. 이외에 고려해야 할 요인들은 무엇이 있을까? 다양한 내용을 창의적으로 찾아봅시다.

음료수 자동판매기 SW를 개발하는 측면에서는 어떠한가? 판매하는 음료수 종류의 수에 따라서 SW 개발에 영향을 미칠 수 있을까? 다양한 측면에서 생각해봅시다.

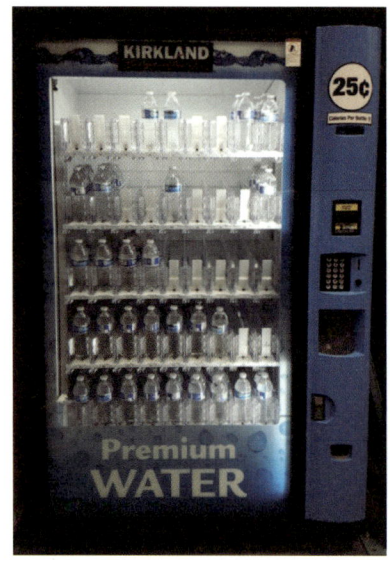 

그림 ❾ 한 종류의 음료수를 판매하는 자동판매기 vs. 여러 종류의 음료수를 판매하는 자동판매기

창의적으로 생각해봅시다!

음료수 자동판매기의 판매용 음료수 종류는 몇 개가 적절할까?

여러 종류의 음료수를 판매하는 자동판매기에서는 몇 종류의 음료수를 판매하는 것이 적절할까? 여기에서 적절하다는 것은 투자대비 효과(cost-effectiveness)가 가장 좋은가를 의미한다. 한 마디로 이야기 하자면 음료수 자동판매기에서 몇 종류의 음료수를 판매해야 가장 높은 이윤(profit)을 기대할 수 있는가의 의미이다.

적절한 음료수 종류를 결정하기 위해서는 무엇을 고려해야 할까? 음료수 자동판매기에서 판매할 음료수의 종류를 결정하기 위해서 고려해야 할 것들은 무엇이 있을까? 가장 쉽게 또는 중요하게 고려해야 할 것은 '고객의 선호도(consumer preferences)'다. 고객이 좋아하는 음료수를 판매하는 것은 너무나 당연한 것이다. 이외에 고려해야 할 요인들을 무엇이 있을까? 다양한 내용을 창의적으로 찾아봅시다.

음료수 자동판매기 SW를 개발하는 측면에서는 어떠한가? 판매하는 음료수 종류의 수에 따라서 SW 개발에 영향을 미칠 수 있을까? 다양한 측면에서 창의적으로 생각해봅시다.

그림 ❿ 음료수 자동판매기에 진열된 음료수

창의적으로 생각해봅시다!

음료수 자동판매기는 한 대의 음료수 자동판매기가 설치되어 있는 것이 좋을까? 아니면 여러 종류의 자동판매기들이 모여 있는 것이 좋을까?

자동판매기가 설치된 장소를 살펴보면 어떤 곳은 여러 대의 자동판매기가 군집을 이루고 있는 곳이 있으며, 어떤 곳은 한 대의 자동판매기가 설치되어 있는 곳도 있다.

[그림 11]에는 여러 대의 자동판매기가 설치된 사례가 제시되어 있다. 일본 오사카(大阪) 지하철의 난바(なんば) 역 구내의 Drink Station과 간사이(関西) 공항에 설치된 Vending Machine Zone이다.

이용자 입장에서는 여러 대의 자동판매기가 한 곳이 모여 있으면 편리할 것이다. 자신이 원하는 음료수를 한 곳에서 구매할 수 있기 때문이다. 그러나 자동판매기를 이용하여 사업을 하는 사람들의 경우에는 입장이 다르다. 무조건 한 곳에 여러 대의 자동판매기를 설치할 수는 없다.

음료수 자동판매기 설치 대수를 결정하기 위해서는 무엇을 고려해야 할까? 한 대의 음료수 자동판매기를 설치할 것인지, 아니면 한 곳에 여러 대의 음료수 자동판매기를 설치할 것인지를 결정하기 위해서 고려해야 할 것들은 무엇이 있을까? 이것 역시 가장 먼저 고려해야 할 것은 음료수 자동판매기가 설치된 장소의 특성이다. 음료수 자동판매기가 설치될 장소에 따라 사용자의 이용 패턴이 다를 수 있기 때문이다. 이외에 고려해야 할 요인들을 무엇이 있을까? 다양한 내용을 창의적으로 찾아봅시다.

음료수 자동판매기 SW를 개발하는 측면에서는 어떠한가? 여러 대의 음료수 자동판매기가 설치되었을 경우에 음료수 판매 회사나 종류에 따라서 SW 개발에 영향을 미칠 수 있을까? 다양한 측면에서 생각해봅시다.

그림 ⑪ 여러 대의 자동판매기가 설치된 사례 vs. 한 대의 자동판매기가 설치된 사례

SW 코딩 테스트 **18**

유료 음료수 제공 자동판매기 SW 코딩하기(1)
가장 초보적인 SW 코딩하기

무료로 음료수를 이용할 수 있는 자동판매기와
돈을 지불해야만 하는 음료수 자동판매기와는 어떤 차이점이 있는가?
두말할 필요 없이 음료수를 마시기 위해서는 '요금'을 지불해야 한다는 것이다.
유료 음료수 자동판매기가 동작하면서 가장 중요하게 검사하는 내용은 무엇인가?
가장 초보적인 수준의 SW 코딩부터 시작하여 고급 수준의 SW 코딩까지 완성해 나가는 내용을
지금부터 확인해 봅시다.

1 SW 코딩을 위한 힌트

유료 음료수 자동판매기 SW 프로그램을 개발하기 위한 가정을 정의하면 다음과 같다.

첫 번째, 유료 음료수 자동판매기에서 판매하는 음료수 가격은 음료수 종류별로 다를 수 있다고 가정한다.

두 번째, 유료 음료수 자동판매기에서 제공하는 음료수는 가격대별로 그룹핑(grouping)하여 관리한다고 가정한다.

세 번째, 유료 음료수 자동판매기에 요금이 투입되면 SW 프로그램은 '가장 낮은 음료수 가격' 이상 투입되었는가를 확인한 후, 조건을 만족할 경우 해당 음료수 가격대의 그룹에 속한 음료수 '버튼'에 불을 켠다.

네 번째, '가장 낮은 음료수 가격' 이상 요금이 투입된 후에는 계속해서 요금이 투입되는가를 검사하여 '다음 단계의 음료수 가격' 이상이 투입되면 해당 음료수 가격대의 그룹에 속한 음료수 '버튼'에 불을 켠다. 이와 같은 과정은 음료수 요금 투입이 끝날 때까지 계속된다.

다섯 번째, 유료 음료수 자동판매기를 이용하는 고객이 선택할 수 있는 음료수는 '버튼'에 불이 들어온 것에 한한다. 이것은 이용 고객이 투입한 '요금'을 충족하는 음료수 '버튼'에만 불이 켜지는 것일 수 있으며, 특정 음료수가 매진되어 이것과 연결된 '버튼'에는 불이 켜지지 않는 것일 수도 있기 때문이다.

여섯 번째, 고객은 음료수 요금을 계속해서 투입함으로써, 여러 개의 음료수를 선택할 수도 있다.

일곱 번째, 이와 같이 고객이 음료수 금액을 계속해서 투입할 수 있기 위해서는 '고객의 투입 음료수 금액'을 계속 증가시키면서 저장할 수 있어야 한다.

> **창의적으로 생각해봅시다!**
>
> 앞에서 논의한 유료 음료수 자동판매기 SW 프로그램을 개발하기 위한 가정 중 누락된 것이나, 보충할 내용 등을 창의적으로 생각해서 정리해봅시다.

2 자연어로 표현하기

유료 음료수 자동판매기에서 동작하는 가장 초보적인 내용의 SW 코딩을 자연어로 표현하면 다음과 같다.

① 유료 음료수 자동판매기를 시작한다.
② 음료수 요금이 투입되었는가를 확인한다.
③ 유료 음료수 선택 버튼이 눌렸는가를 확인한다.
④ 유료 음료수 자동판매기의 버튼이 눌렸다면 음료수를 제공한다.
⑤ 고객이 선택한 음료수를 제공한 후에도 해당 음료수가 남아 있는가를 확인한다.
⑥ 고객이 선택한 음료수를 제공한 후에 해당 음료수가 남아 있지 않다면 음료수가 없다는 것을 표시한다.
⑦ 계속해서 유료 음료수 자동판매기에 요금이 투입되었는가를 확인한다.

자연어 표현 21 유료 음료수 제공 자동판매기 프로그램(1)

3 순서도로 표현하기

유료 음료수 자동판매기에서 동작하는 가장 초보적인 내용의 SW 코딩을 순서도로 표현하면 다음과 같다.

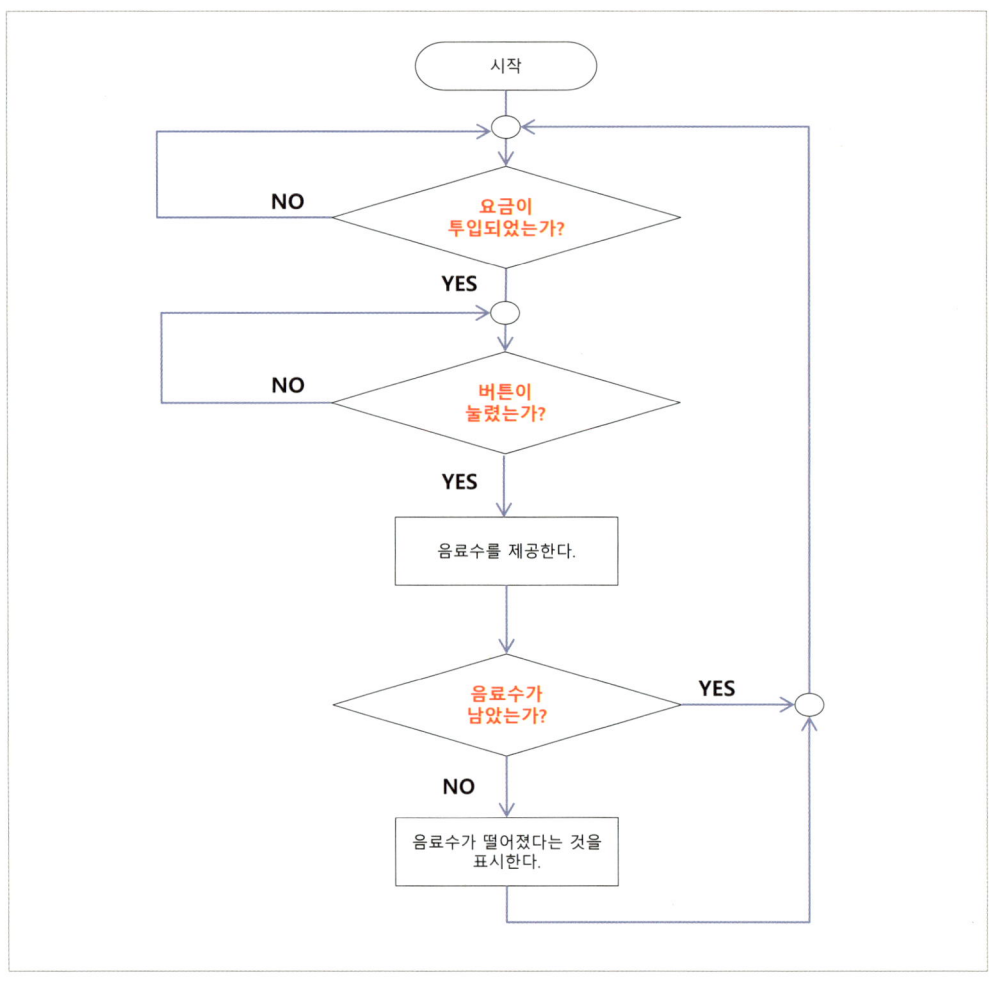

순서도 ㉝ 가장 초보적인 수준의 유료 음료수 자동판매기 SW 코딩

[순서도 33]도 유료 음료수 자동판매기 SW 코딩 측면에서는 가장 단순한 형태의 순서도 중 하나다. 즉, 다른 말로 이야기 한다면 최고 수준의 '추상화'로 표현된 것이다. 지금부터 '문제 분해' 기법을 사용하여 좀 더 정교한 순서도를 만들어 갈 것이다.

SW 코딩 테스트 **19**

유료 음료수 제공 자동판매기 SW 코딩하기(2)

요금 투입을 확인하는 SW 코딩하기('선언 부분' 정의하기)

유료 음료수 자동판매기의 SW 프로그램은 이용자 자신이 마시고자 하는 음료수의 요금을 투입하는가를 확인해야 한다. 그런데 문제는 요금이 투입되는 형태가 다양하다는 것이다. 다양한 방식으로 투입되는 요금을 확인하여 음료수별로 버튼의 불을 켜는 방법은 무엇인가? 자세한 방법을 지금부터 확인해 봅시다.

1 SW 코딩을 위한 힌트

유료 음료수 자동판매기에서 이용자가 투입하는 요금을 확인하기 위한 가정을 정리하면 다음과 같다.

첫 번째, 유료 음료수 자동판매기에서 제공하는 음료수들은 '판매 가격'을 기준으로 그룹핑되며, 음료수 판매 가격을 기준으로 구분한 그룹은 'Group1' 부터 'Group3' 까지 3개의 그룹이 있다고 가정한다.

두 번째, 유료 음료수 자동판매기에서 판매하는 음료수 종류는 5가지라고 가정하며, 변수 이름은 'drink1' 부터 'drink5' 까지로 정의한다.

세 번째, 'Group1' 에 소속된 음료수는 'drink1' 과 'drink2' 이고, 'Group2' 에 소속된 음료수는 'drink3' 과 'drink4' 이며, 'Group3' 에 소속된 음료수는 'drink5' 이다.

네 번째, 'Group1' 의 음료수 가격은 '1,000원' 이고, 'Group2' 의 음료수 가격은 '1,500원' 이며, 'Group3' 의 음료수 가격은 '2,000원' 이다.

다섯 번째, 유료 음료수 자동판매기 이용자가 투입하는 요금은 'INPUT(money)' 함수로 받아서 금액을 계산한다. 이용자의 투입 금액을 계산하기 위한 변수는 'price' 로 정의한다. 유료 음료수 자동판매기 SW 프로그램 개발의 핵심은 고객이 투입한 요금을 확인하는 과정이다. 여기에는 요금 액수의 확인도 포함된다. 고객에 따라 투입하는 금액은 다를 수 있기 때문에 변수를 정의한 것이다.

여섯 번째, 음료수 'drink1' 부터 'drink5' 까지 저장되는 음료수 개수는 각각 '50' 개씩 이며, 음료수 버튼인 'button1' 부터 'button5' 까지는 'drink1' 부터 'drink5' 까지 1:1로 연결된다.

일곱 번째, 유료 음료수 자동판매기 SW 프로그램이 시작할 때 음료수와 연결된 모든 'button' 은 꺼져 있는 상태(OFF)로 정의한다.

> **창의적으로 생각해봅시다!**
>
> 앞에서 논의한 유료 음료수 자동판매기에서 이용자가 투입하는 요금을 확인하기 위한 가정 중 누락된 것이나, 보충할 내용 등을 창의적으로 생각해서 정리해봅시다.

2 자연어로 표현하기

유료 음료수 자동판매기 SW 프로그램의 '선언 부분'을 정의한 내용을 자연어로 표현하면 다음과 같다.

① 유료 음료수 자동판매기를 시작한다.
② 음료수 선택 버튼별로 저장되는 음료수 개수를 나타내는 변수인 'drink'에 각각 '50' 개씩 저장되었다는 것을 정의한다.
③ 음료수 선택 버튼의 변수인 'button'에 음료수가 없다는 표시를 한다. 이를 위하여 'button' 변수에 'OFF' 값을 저장한다.
④ 음료수 가격에 따라 'Group1'에는 'drink1'과 'drink2'를 지정하고, 'Group2'에는 'drink3'과 'drink4'를 지정하며, 'Group3'에는 'drink5'를 지정한다.
⑤ 'Group1'의 가격은 'G1Price', 'Group2'의 가격은 'G2Price', 'Group3'의 가격은 'G3Price'로 정의하며, 각각의 그룹별 가격은 '1,000', '1,500', '2,000' 원으로 정의한다.
⑥ 음료수 요금이 투입되었는가를 확인한다.
⑦ 유료 음료수 선택 버튼이 눌렸는가를 확인한다.
⑧ 유료 음료수 자동판매기의 버튼이 눌렸다면 음료수를 제공한다. 고객이 선택한 음료수를 제공한 후에도 해당 음료수가 남아 있는가를 확인한다.
⑨ 고객이 선택한 음료수를 제공한 후에 해당 음료수가 남아 있지 않다면 음료수가 없다는 것을 표시한다.
⑩ 계속해서 유료 음료수 자동판매기에 요금이 투입되었는가를 확인한다.

자연어 표현 22 유료 음료수 제공 자동판매기 프로그램(2)

3 순서도로 표현하기

유료 음료수 자동판매기 SW 프로그램의 '선언 부분'을 정의한 내용을 순서도로 표현하면 다음과 같다.

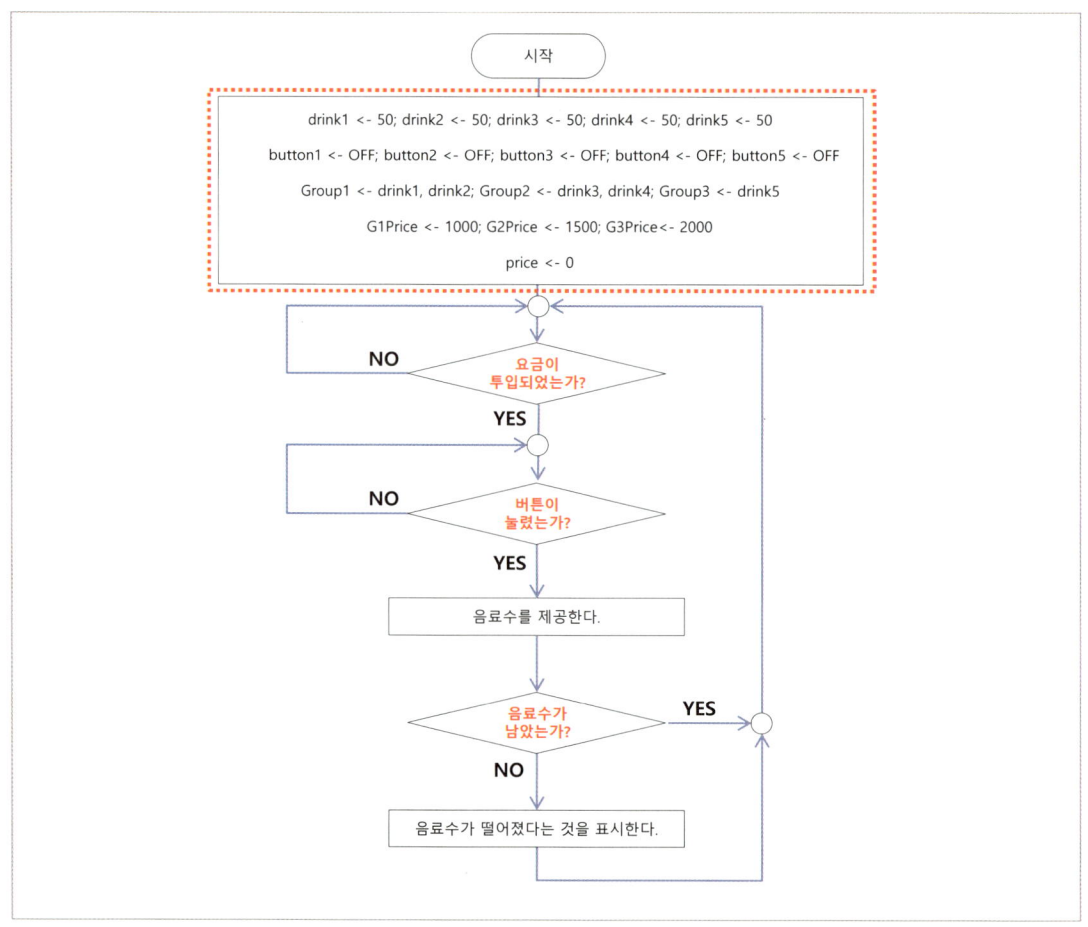

순서도 34 '선언 부분'이 포함된 유료 음료수 자동판매기 SW 코딩

SW 코딩 테스트 **20**

유료 음료수 제공 자동판매기 SW 코딩하기(3)
요금 투입을 확인하는 SW 코딩하기('동작 부분' 정의하기)

유료 음료수 자동판매기의 SW 프로그램의 선언 부분을 정의하였으니, 유료 음료수 자동판매기의 동작 부분을 정의해야 한다. 유료 음료수 자동판매기의 선언 부분을 정의하는 것은 동작 부분에서 사용할 변수와 상수 등을 미리 선언할 것이었다. 동작 부분을 정의한다는 것은 유료 음료수 자동판매기가 실제적으로 작동하는 과정을 절차적으로 표현하는 것을 의미한다. 고려할 것도 많고 표현할 내용도 상당하다. 자세한 내용을 지금부터 확인해 봅시다.

1 SW 코딩을 위한 힌트

유료 음료수 자동판매기의 동작 부분에 대한 SW 코딩을 위한 가정을 정의하면 다음과 같다.

첫 번째, "요금이 투입되었는가?"를 검사하는 함수는 무엇을 하는 것이 좋은가?
"투입되었는가?"를 검사하는 함수 이름은 'INPUT'이 적절하다. 그렇다면 매개변수는 무엇으로 하는 것이 적절한가? 요금이 투입되었는가를 확인해야하기 때문에 'money'가 적절하다. 결과적으로 "요금이 투입되었는가?"를 검사하는 함수는 'INPUT(money)'로 정의한다.

두 번째, 고객이 투입하는 음료수 요금을 누적하여 저장하는 변수 이름은 무엇으로 하는 것이 좋은가?
고객이 투입하는 요금은 누적되어야 한다. 고객은 음료수 요금을 여러 개의 동전이나 지폐를 이용하여 투입할 수 있다. 그렇다면 고객이 투입하는 요금을 저장하는 '변수'가 필요하다. 변수 이름을 무엇으로 정의하면 좋을까? 고객이 투입하는 음료수 요금을 누적하여 저장하는 변수는 'price'로 정의한다.

2 자연어로 표현하기

유료 음료수 자동판매기 SW 프로그램의 '동작 부분'을 정의한 내용을 자연어로 표현하면 다음과 같다.

① 유료 음료수 자동판매기를 시작한다.
② 음료수 선택 버튼별로 저장되는 음료수 개수를 나타내는 변수인 'drink'에 각각 '50' 개씩 저장되었다는 것을 정의한다.
③ 음료수 선택 버튼의 변수인 'button'에 음료수가 없다는 표시를 한다. 이를 위하여 'button' 변수에 'OFF' 값을 저장한다.
④ 음료수 가격에 따라 'Group1'에는 'drink1'과 'drink2'를 지정하고, 'Group2'에는 'drink3'과 'drink4'를 지정하며, 'Group3'에는 'drink5'를 지정한다.
⑤ 'Group1'의 가격은 'G1Price', 'Group2'의 가격은 'G2Price', 'Group3'의 가격은 'G3Price'로 정의

하며, 각각의 그룹별 가격은 '1,000', '1,500', '2,000' 원으로 정의한다.

⑥ 음료수 요금이 투입되었는가를 확인한다. 이를 위하여 'INPUT(money)' 인가를 확인한다.

⑦ 'INPUT(money)' 가 감지되었다면, 투입된 음료수 돈(money)을 요금 변수(price)에 저장한다(price ← price + money).

⑧ 투입된 음료수 요금(price)이 1,000원짜리 음료수들의 그룹인 첫 번째 음료수 그룹(G1Price)의 가격이상인가를 확인한다(price >= G1Price). 투입 요금이 첫 번째 음료수 그룹 가격보다 적을 경우에는 ⑥번을 확인한다.

⑨ 투입 요금이 첫 번째 음료수 그룹 가격보다 많을 경우에는 가격이 1,500원인 두 번째 음료수 그룹(G2Price)의 가격이상인가를 확인한다(price >= G2Price). 투입 요금이 두 번째 음료수 그룹 가격보다 적을 경우에는 첫 번째 그룹에 포함된 음료수인 button1과 button2의 불을 켠다(button1, button2 ← ON).

⑩ 투입 요금이 두 번째 음료수 그룹 가격보다 많을 경우에는 가격이 2,000원인 세 번째 음료수 그룹(G3Price)의 가격이상인가를 확인한다(price >= G3Price). 투입 요금이 세 번째 음료수 그룹 가격보다 적을 경우에는 두 번째 그룹에 포함된 음료수인 button3의 불을 켠다(button3 ← ON).

⑪ 투입 요금이 세 번째 음료수 그룹 가격보다 많을 경우에는 세 번째 그룹에 포함된 음료수인 button4와 button5의 불을 켠다(button4, button5 ← ON).

⑫ 유료 음료수 자동판매기의 버튼이 눌렸는가를 확인한다. 이를 위하여 'PUSH(button)' 인가를 확인한다.

⑬ 'PUSH(button)' 이 감지되었다면, 이용자가 선택한 음료수 'button' 의 '번호' 를 확인한 후에 변수 'n' 에 저장한다.

⑭ 'button(n)' 과 연결된 음료수(n번째 drink)를 제공하는 'RELEASE(drink(n))' 을 실행한다.

⑮ 'n' 번째 음료수(drink(n))를 제공한 후에는 음료수 개수를 1씩 감소시킨다(drink(n) ← drink(n) - 1).

⑯ 음료수를 제공한 후에 'button(n)' 의 음료수가 남아 있는가를 확인한다. 즉, drink(n)의 개수가 '0' 이 아닌지 확인한다.

⑰ 음료수를 제공한 후에 'drink(n)' 의 값이 '0' 이라면, 음료수가 없다는 것을 'button(n)' 에 표시한다. 이를 위하여 해당 음료수 'button(n)' 에 'VOID' 값을 저장한다.

⑱ 음료수 제공을 위하여 불을 켰던 'button' 의 불을 다시 끄기 위하여 'OFF' 값을 저장한다.

⑲ 계속해서 유료 음료수 자동판매기에 음료수 요금이 투입되었는가를 확인한다. 이를 위하여 'INPUT(money)' 인가를 확인한다.

자연어 표현 23 유료 음료수 제공 자동판매기 프로그램(3)

3 순서도로 표현하기

유료 음료수 자동판매기 SW 프로그램의 '동작 부분'을 정의한 내용을 순서도로 표현하면 다음과 같다.

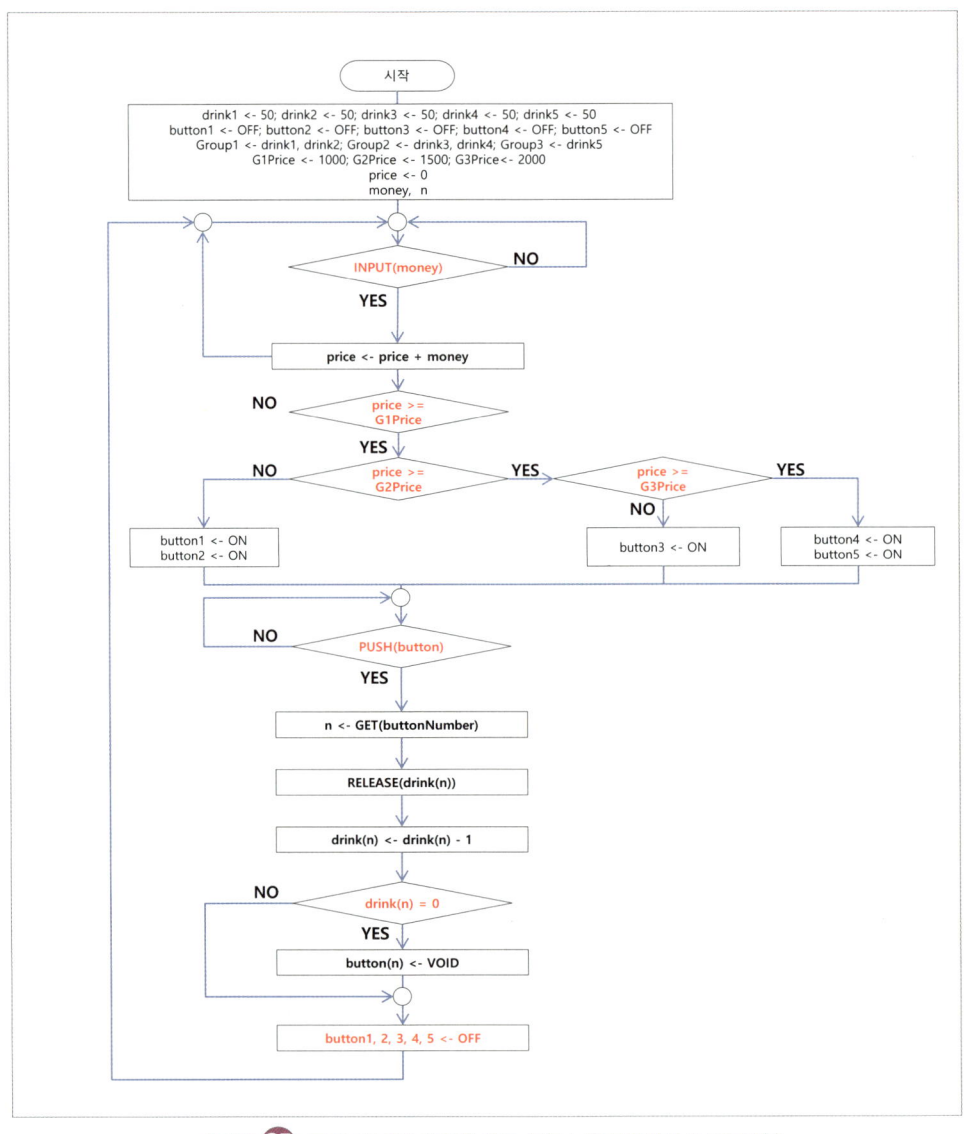

순서도 35 '동작 부분'이 포함된 유료 음료수 자동판매기 SW 코딩(1)

4 맥락을 추가하자(1)

[순서도 35]의 문제점을 찾아보자. [순서도 35]에는 치명적인 오류가 존재한다. 1,000원짜리 음료수 1개와 2,000원짜리 음료수 1개를 가져가기 위하여 3,000원을 투입한 고객의 사례를 고려해보자.

유료 음료수 자동판매기 SW는 고객의 투입 금액을 확인한 후에, 투입 금액 변수(price)에 저장된 금액이 가장 높은 음료수 그룹(G3Price)의 금액(2,000원)보다 많다는 것을 확인하고, G3Price 그룹에 포함된 button4와 button5만 불을 켠다. 결과적으로 button1, 2, 3의 불은 켜지지 않기 때문에, 고객은 button1, 2, 3에 연결된 음료수를 구매할 수 없는 문제가 발생한다.

이러한 문제점을 해결할 수 있는 방법은 무엇인가? 무조건 모든 버튼의 불을 켜면 되는가? 그렇지 않다. 음료수 금액에 따라 그룹핑된 G1Price, G2Price, G3Price별로 음료수 불을 켤 수 있는 버튼의 종류는 달라져야 한다. 이상의 내용을 정리하면 다음과 같다.

첫째, 투입 금액 변수(price)의 값이 G1Price보다는 크거나 같으나 G2Price보다 작다면 button1, 2의 불을 켠다.

둘째, 투입 금액 변수(price)의 값이 G2Price보다는 크거나 같으나 G3Price보다 작다면 button1, 2, 3의 불을 켠다.

셋째, 투입 금액 변수(price)의 값이 G3Price보다는 크거나 같다면 button1, 2, 3, 4, 5의 불을 켠다.

이와 같은 내용을 반영한 것이 [순서도 36]이다.

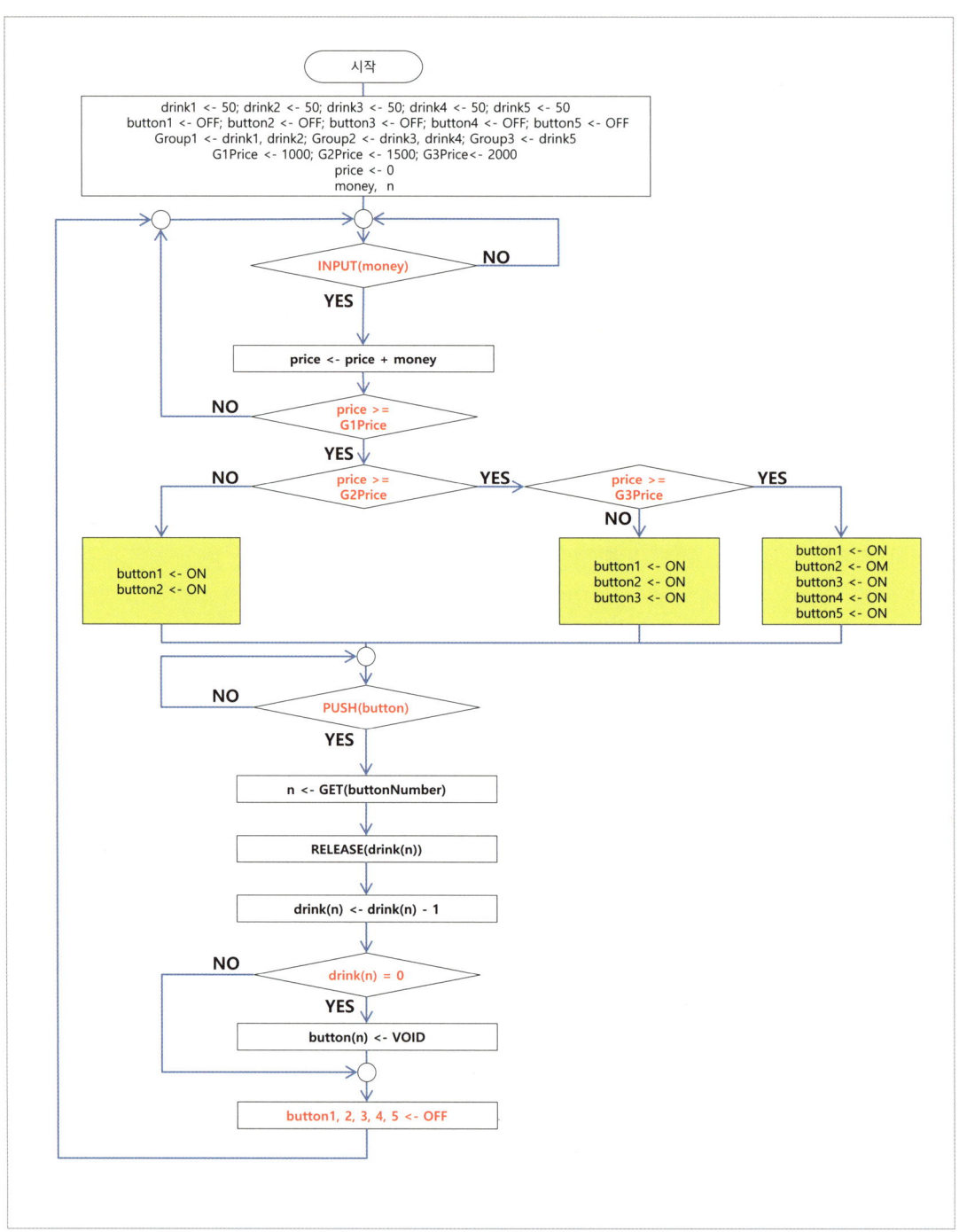

순서도 36 '동작 부분'이 포함된 유료 음료수 자동판매기 SW 코딩(2)

5 맥락을 추가하자(2)

[순서도 36]의 문제점을 찾아보자.
고객이 투입한 요금을 만족하는 button을 켠(ON) 후에 바로 "음료수 선택 버튼이 눌렸는가?"를 확인하는 경우를 생각해보자.

만약 고객이 음료수 요금으로 1,000원을 투입한 상황에서 button1과 button2를 켰다고 가정하자. 이때 고객이 계속하여 음료수 요금을 투입하려고 한다면 어떻게 되는가? 이와 같은 상황을 감지할 수 있는 장치가 필요하나, [순서도 36]에서는 이러한 작업을 허용하지 않는다.

이와 같은 문제점을 해결하기 위해서는 "음료수 버튼을 누르는가?"를 확인하기 이전에 "음료수 요금이 계속해서 투입되는가?"를 확인해야 한다. 이러한 맥락을 반영한 것이 [순서도 37]이다.

[순서도 37]에서는 지금까지 사용하지 않았던 새로운 표기법이 사용되었다. 'Ⓐ' 가 그것이다. 이것은 어떤 의미로 사용된 것일까? 직관적으로 확인할 수 있다.

"고객이 음료수 요금을 투입하는가?"를 확인한 경우 'Ⓐ' 가 표시된 지점으로 이동하도록 되어있다. 'Ⓐ' 가 표시된 지점은 고객이 투입한 요금을 더하는 계산 명령(price ← price + money)으로 이동하라는 것이다.

[순서도 37]에서 사용한 'A'를 '레이블(label)이라 한다. SW 코딩 작업 중에 레이블을 적절히 표시하고 사용하면 편리하다. 그러나, 세상사 모든 일이 그러하듯이 너무 과하게 사용하면 탈나게 마련이다. 자세한 내용은 '6. GOTO vs. GOTOLESS'에서 설명한다.

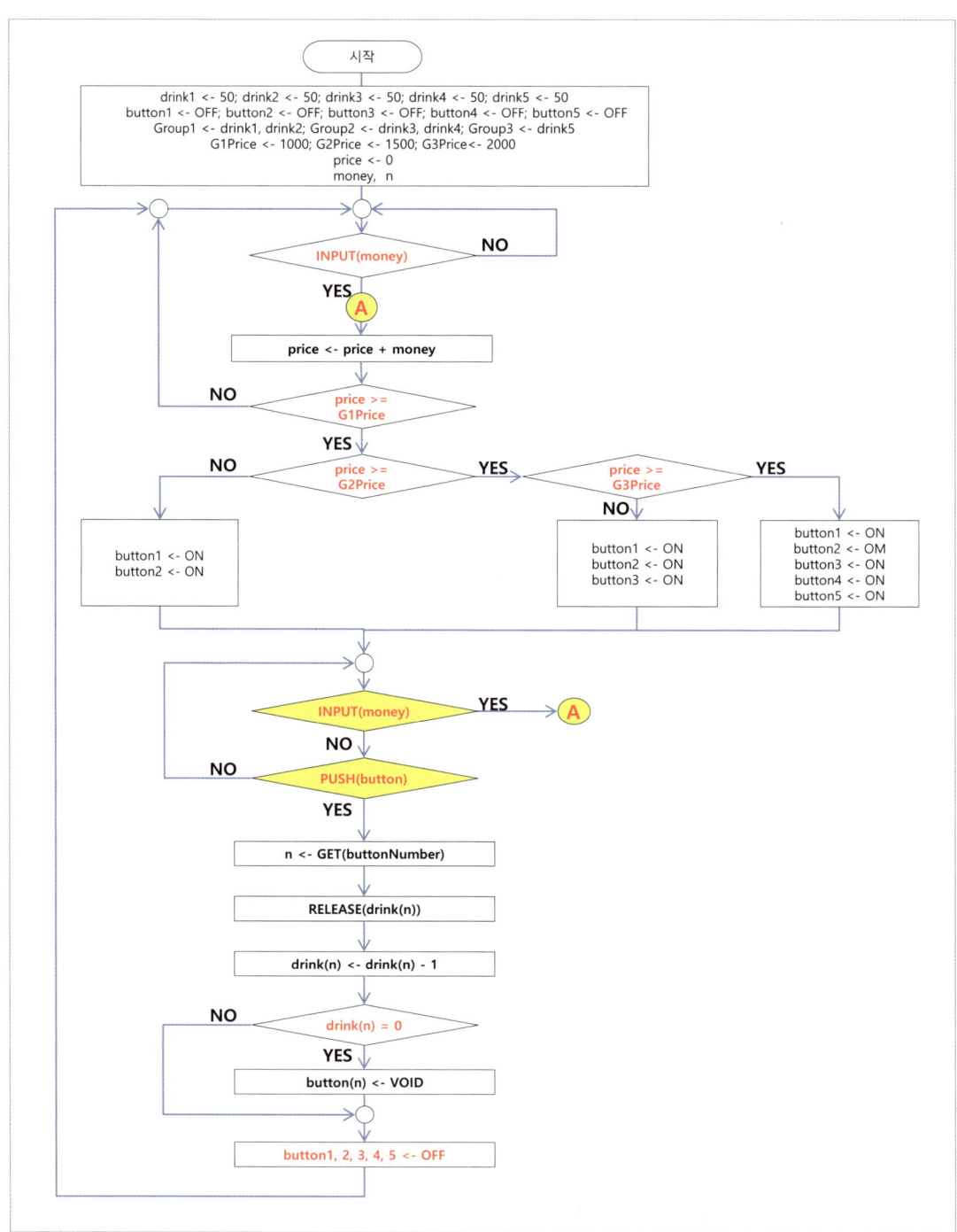

순서도 37 '동작 부분'이 포함된 유료 음료수 자동판매기 SW 코딩(2)

6 GOTO vs. GOTOLESS

[순서도 37]에서는 이전에 사용하지 않았던 방식이 사용되었다.
고객이 적정한 요금을 투입할 경우 음료수 버튼에 불을 켠 다음 계속해서 요금을 투입하는지를 확인하는 명령어인 'INPUT(money)'를 만족한다면 'Ⓐ'로 이동하는 것이다. 이와 같은 유형의 명령어를 '분기형' 명령어라 하며, 대표적인 분기형 명령어는 'GOTO' 명령어다.

SW 프로그램을 개발할 때 가장 많이 필요한 기능 중 하나가 프로그램 제어(program control)를 '적절한 시기'에 '적절한 지점'으로 분기(이동)시키는 것이다. 여기에서 '적절한 시기'란 프로그램 실행 중 분기가 일어날 수 있는 조건을 만족하는 시점(경우)을 의미한다. 이러한 기능을 구현한 분기형 명령어(GOTO)는 내가 원하는 시기에 원하는 지점으로 프로그램 제어를 이동시킬 수 있는 아주 편리하고 강력한 기능을 가진 명령어다. GOTO 명령어로 이동할 지점을 표시하기 위하여 '레이블(label)'을 정의하며, [순서도 37]에서는 'Ⓐ'를 레이블로 정의하였다. 결과적으로 'INPUT(money)'가 만족되면 프로그램 제어는 레이블 'Ⓐ'로 이동하게 된다. 이와 같은 분기형 명령어를 사용하면 대부분의 SW 프로그램을 개발할 수 있다.

이와 같이 강력한 기능을 가진 분기형 명령어(GOTO)는 SW 프로그래머들이 자신의 프로그램 개발 시에 편리하게 사용할 수 있으나, 논리적인 제어 흐름을 손쉽게 표현할 수 있기 때문에 자칫 너무 많이 사용할 수도 있는 위험성이 존재한다. 이와 같은 이유로 인하여 SW 프로그램 개발 역사의 초창기 시절에는 대부분의 SW 프로그래머들이 'GOTO' 명령어에 열광한 나머지 너무 많이 사용하는 경향이 있었다. 이 당시 SW 프로그래머들은 SW 코딩은 쉽게 하였으나, SW 프로그램 개발 이후에 SW 프로그램을 유지보수(maintenance)하는 과정에서 큰 어려움을 겪게 되었다. SW 프로그래머들은 자신이 개발한 SW 프로그램을 개발 후에 수정하려 했으나, 해독하는 작업이 너무 어려웠던 것이다. 자기 자신이 만든 SW 프로그램을 수정하는 작업이 어려울 지경인데, 다른 사람이 개발한 SW 프로그램을 수정할 경우에는 어려움의 정도가 가중되는 것이 당연하였다. 심지어 어떤 경우에는 SW 프로그램을 이해하고 수정하는 것보다 새롭게 SW 프로그램을 개발하는 것이 경제적이라고 판단한 사례도 있었다. 마치 SW 프로그램에서 사용한 GOTO 명령어의 논리적인 제어 흐름의 구조가 스파게티(spaghetti) 요리의 면처럼 꼬여있다고 해서, '스파게티 프로그램(spaghetti program)'이라고 하였다.[28] 이러한 이유는 SW 프로그램 개발 시에 GOTO 명령어를 남발함으로써 발생한 것이었다.

SW 코딩의 과정은 기나긴 여정과 같다고 하였다. 한 번의 SW 프로그램 개발로 모든 것이 종료되는 것이 아니다. SW 코딩 과정에서는 SW 프로그램을 개발(implementation)하는 작업보다, 개발 이후에 이를 수정하고 보완해 가면서 관리하는 과정이 더 힘들고 어려운 것이다. 그렇기 때문에 좋은 SW 프로그램을 개발하기 위해서는 오랜 기간 고민하는 수고가 필요하며, 이를 통하여 '잘 만들어진 설계도'가 필요한 것이다. '잘 만들어진 설계도'에서는 논리적인 제어 흐름(logical control flow)이 체계적이고 읽기 쉽게 구성되어야 한다. 이를 위해서는 '과도한 GOTO 명령어의 사용을 자제하는 것(GOTOLESS)'이 필요하며, 대표적인 방법론 중 하나가 '구조적 프로그래밍 방법(structured programming method)'이다.

7 맥락을 추가하자(3)

[순서도 37]의 문제점을 찾아보자. [순서도 37]에서는 음료수 제공이 마무리된 후에는 음료수 button의 불을 모두 끈다(button 1, 2, 3, 4, 5 ← OFF). 무엇이 문제인가?

---

28) SW 코딩의 초창기 시절에 우리나라가 선도국가였다면, '자장면 프로그램' 또는 '칼국수 프로그램'이라고 했을 것이다. 아무튼 '스파게티 프로그램'이라는 이름은 좋지 않은 프로그램을 가리키는 것이다. 스파게티는 좋아하더라도 '스파게티 프로그램'을 개발해서는 안 된다.

가장 낮은 가격의 음료수 그룹에 속해있는 음료수 button이 커졌을 경우에는 button1과 button2만 불이 켜진 상태이다. 이런 경우에 음료수 button 3, 4, 5번은 이미 불이 꺼져있는 상황이다. 그렇기 때문에 음료수 button 3, 4, 5번의 불을 끄라고 명령하는 것은 불필요한 명령어를 실행하는 것이다.

"이정도야 별거 아니다." 또는 "이것이 뭐가 문제지?"라고 생각하는 사람도 있을 수 있다. 이러한 생각을 할 수 있는 이유는 겉으로 보기에 자동판매기는 아무런 이상 없이 동작하기 때문이다. 자동판매기 SW가 불필요한 명령어를 실행한다는 것을 고객들은 알 수가 없다. 그러나 SW 프로그램의 입장에서는 불필요한 명령을 실행할 필요가 없다. 불필요한 명령어가 없도록 하는 것이 좋은 SW 코딩의 조건 중 하나다.

창의적으로 생각해봅시다!

(1) 음료수 자동판매기 SW 프로그램에서 확인한 불필요한 명령어 사용의 예는 일상생활 속 사례는 물론 다양한 분야의 SW 코딩에도 숨어있다.
(2) 일상생활 속에서 발견할 수 있는 유사한 사례들을 창의적으로 찾아봅시다.

해결책은 무엇인가? 불을 켠 button만 선별하여 불을 끄면 된다. 이를 위해서는 음료수 금액에 따라 별도로 "버튼이 눌렸는가?"를 검사하면 된다. 이와 같은 내용을 반영한 것이 [순서도 38]이다.

창의적으로 생각해봅시다!

(1) [순서도 38]의 경우에서 확인할 수 있듯이, 불필요한 명령의 시행을 없애기 위해서는 또 다른 명령(조건을 확인하는 것)을 시행해야 한다.
(2) 경우에 따라서는 불필요한 명령을 없애기 위하여 시행하는 명령이 과도하여, "배보다 배꼽이 커진다." 는 오류를 범할 수도 있다.
(3) 이와 같은 오류를 범하지 않은 방법은 무엇인가? 다양한 사례를 기반으로 창의적으로 생각해 봅시다.

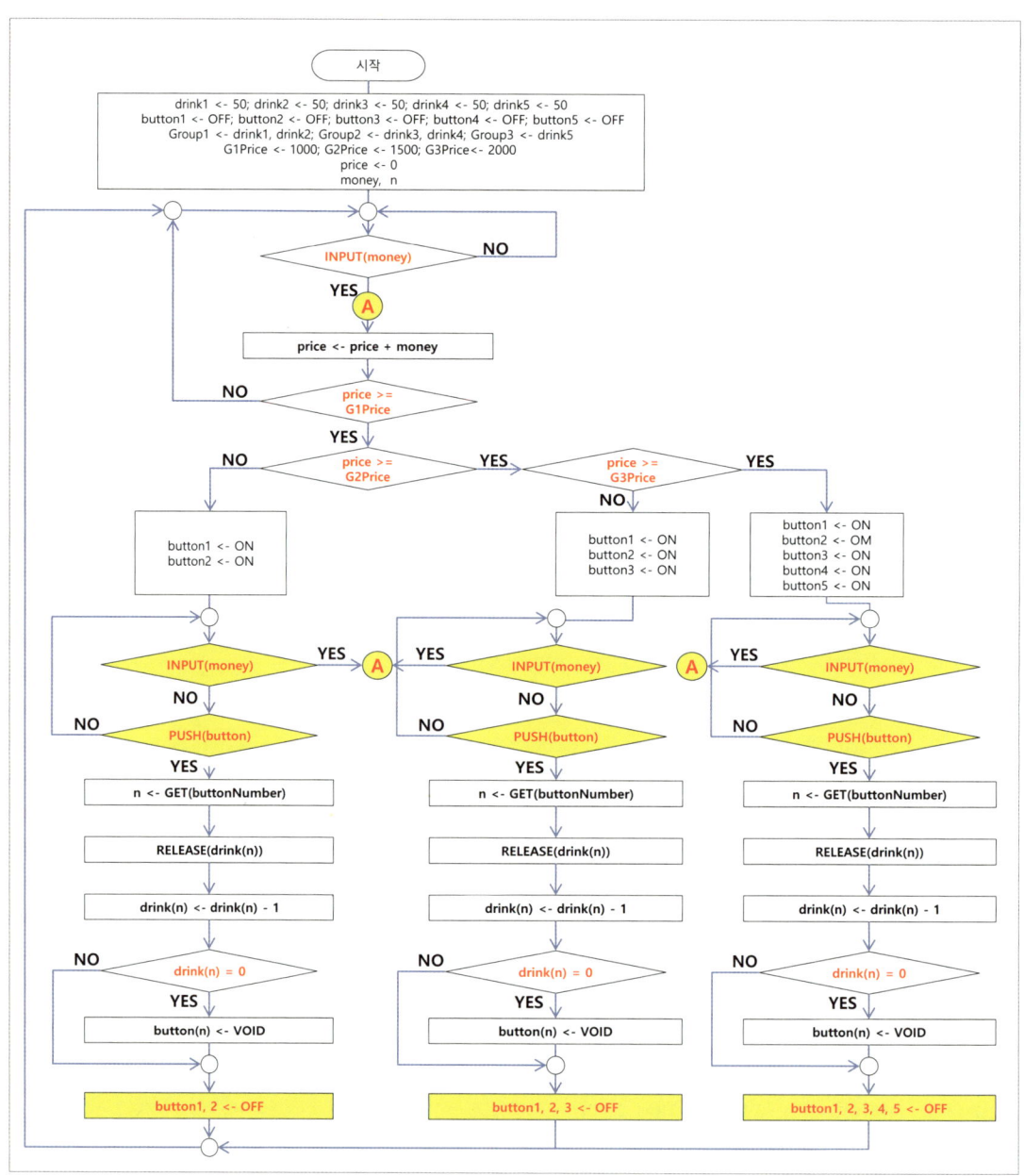

순서도 38 '동작 부분'이 포함된 유료 음료수 자동판매기 SW 코딩(3)

8 맥락을 추가하자(4)

[순서도 38]의 문제점을 찾아보자. [순서도 38]에는 치명적인 오류가 존재한다.
1,000원짜리 음료수 2개를 가져가기 위하여 2,000원을 투입한 고객의 사례를 고려해보자. 이 고객은 1,000짜리 음료수 버튼 중 하나(button1 또는 button2)를 선택한 후에, 한 번 더 1,000원짜리 음료수 버튼 중 하나(button1 또는 button2)를 누르고자 할 것이다.
그런데 [순서도 38]의 논리적인 흐름은 어떠한가? 고객이 첫 번째 음료수 버튼(button1 또는 button2)을 누르고 음료수를 받은 후에는 불이 켜졌던 3가지 버튼(button1, 2, 3)의 불을 끄도록 설계되어 있다. 두 번째 음료수 버튼을 누를 수 없게 설계되어 있다.

이와 같은 문제점을 해결할 수 있는 방법은 무엇인가? 해결책을 절차적으로 정리하면 다음과 같다.
첫 번째, 음료수를 제공하고 나서는 무조건 불을 끄는 것이 아니라, "잔돈이 남아 있는가?"를 검사해야 한다. 이를 검사하기 위해서는 여러 단계의 명령어를 정의해야 한다. 즉, "잔돈이 남았는가?"는 여러 단계의 작업으로 문제분해를 해야 하는 추상화 작업의 결과물이다.

두 번째, "잔돈이 남아 있는가?"를 검사하기 위한 문제분해 과정의 첫 번째 내용은 '고객이 음료수를 구매하고 남은 금액을 확인하는 것'이다. 이를 해결할 수 있는 명령어를 생각해보자. 고객이 음료수를 구매하기 위하여 투입한 요금은 'price' 변수에 저장된다. 그렇기 때문에 첫 번째 음료수를 구매하고 남은 금액은 'price' 변수에 저장된 요금에서 고객이 구매한 음료수의 가격을 빼면 된다. 이 내용을 명령어로 정의하면 다음과 같다.

> price ← price − G(n)Price
> n = 1, 2, 3(음료수 그룹의 번호)

세 번째, 고객이 음료수를 구매하고 남은 금액은 확인하였으니, 그 다음 작업은 무엇인가? "잔돈이 남았는가?"를 검사해야 한다. 이를 확인할 수 있는 명령어를 생각해보자. 남아있는 금액은 'price' 변수에 저장되었으니, 'price' 변수의 값이 '0'인가를 확인하면 되며, 이 내용을 순서도로 정의하면 다음과 같다.

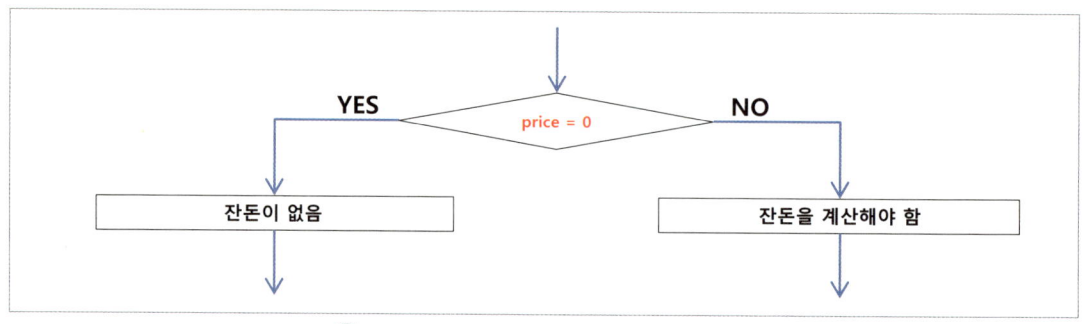

순서도 39 '동작 부분'이 포함된 유료 음료수 자동판매기 SW 코딩(3)

네 번째, "잔돈이 남아 있는가?"를 검사한 후에는 잔돈이 남아있는 경우와 없는 경우를 구분하여 처리하면 된다. 잔돈이 남아 있지 않다면 불이 들어왔던 버튼의 불을 끄고 다음 작업으로 넘어가면 된다. 결과적으로 유료 음료수 자동판매기 SW의 첫 번째 동작 단계인 "새로운 요금이 투입되는가?"를 검사하는 명령으로 이동하면 된다. 이러한 내용을 [순서도 40]에서는 ⓢ로 이동하는 것으로 표시하였다.

다섯 번째, 잔돈이 남아 있다면 무엇을 해야 하는가? "남아있는 금액이 추가적인 음료수를 주문할 수 있는 충분한 금액인가?"를 검사해야 한다. 이 내용 역시 여러 단계의 작업을 포함하는 '추상화' 결과물이다. 그렇다면 "남아있는 잔돈을 계산한다."는 내용의 함수 이름은 다음과 같이 정의할 수 있다.

> CALCULATE-CHANGE-G(n)
> n = 1, 2, 3(음료수 그룹의 번호)

그렇다면 이 경우에 매개변수는 무엇인가? 잔돈을 계산한 결과 값을 저장하고 있는 변수인 'price'다. 그렇기 때문에 "남아있는 잔돈을 계산한다."는 내용의 함수는 다음과 같이 정의할 수 있다.

> CALCULATE-CHANGE-G(n)(price)
> n = 1, 2, 3(음료수 그룹의 번호)

이상의 내용을 포함한 것이 [순서도 40]이다.

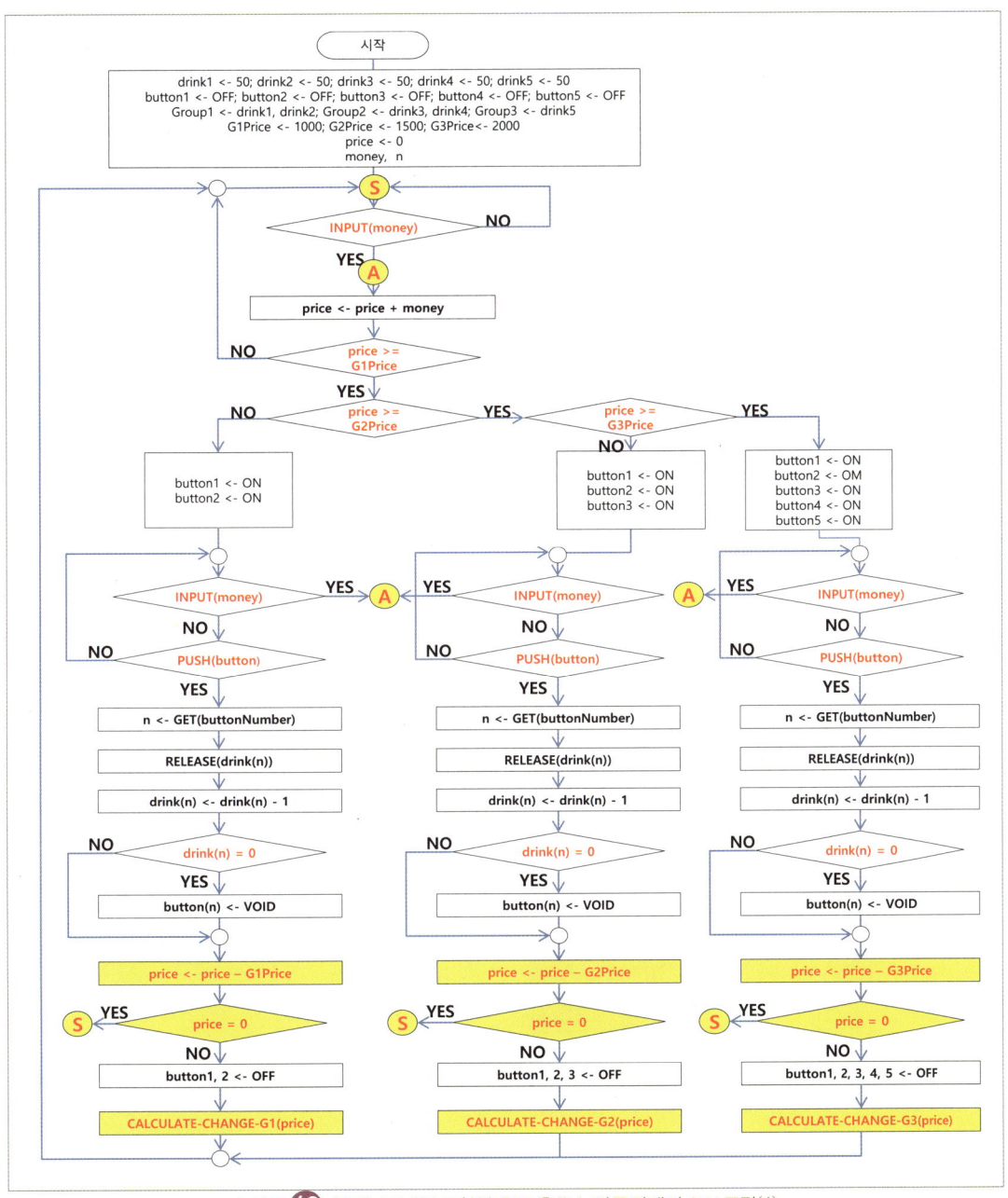

순서도 40 '동작 부분'이 포함된 유료 음료수 자동판매기 SW 코딩(4)

9 맥락을 추가하자(5)

[순서도 40]에서 '잔돈 계산'을 위하여 정의한 함수인 CALCULATE-CHANGE-G1(price), CALCULATE-CHANGE-G2(price), CALCULATE-CHANGE-G3(price) 등은 어떤 내용으로 SW 코딩이 되는지 확인해보자.

유료 음료수 자동판매기의 잔돈 계산을 위해서는 다음과 같이 5가지 종류(단계)의 조건을 검사해야 한다.

첫 번째 검사할 조건은 "남아있는 잔돈이 1,000원짜리 음료수 그룹의 가격(G1Price)보다 많거나 같은가(price >= G1Price)?"이다. 이러한 검사에서 남아있는 잔돈이 G1Price(1,000원)보다 적다면 잔돈을 반환하는 명령(RETURN(price))을 실행해야 한다. 반면에 남아있는 잔돈이 G1Price보다 많거나 같다면 다음 단계의 조건을 검사해야 한다.

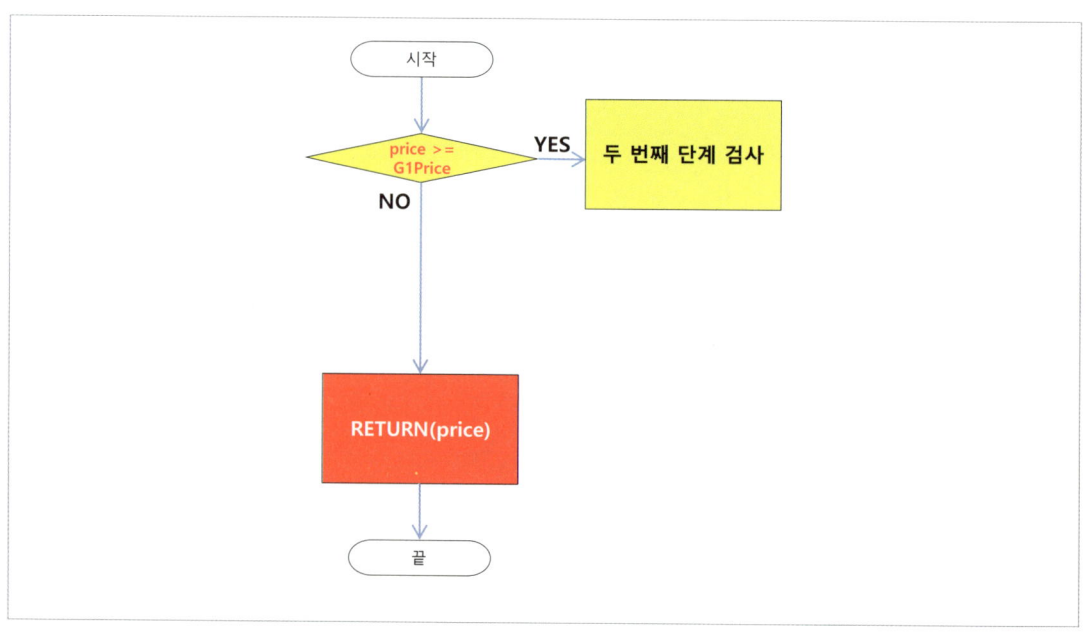

순서도 ㊶ 잔돈이 1,000원짜리 음료수 금액보다 적게 남아 잔돈을 반환하는 경우의 예 (실행되는 부분은 빨간색으로 표시함)

두 번째는 "남아있는 잔돈이 1,000원짜리 음료수 그룹의 가격(G1Price)이상인 것을 확인하였으니, 남아있는 잔돈이 1,000원짜리 음료수 가격(G1Price)과 같은가(price = G1Price)?"를 검사해야 한다. 이 검사에서 잔돈이 G1Price(1,000원)과 같다면 1,000원짜리 음료수 버튼(button1과 button2)에만 불을 켜면 된다. 만약에 남아있는 잔돈이 G1Price와 같지 않다면 다음 단계의 조건을 검사해야 한다.

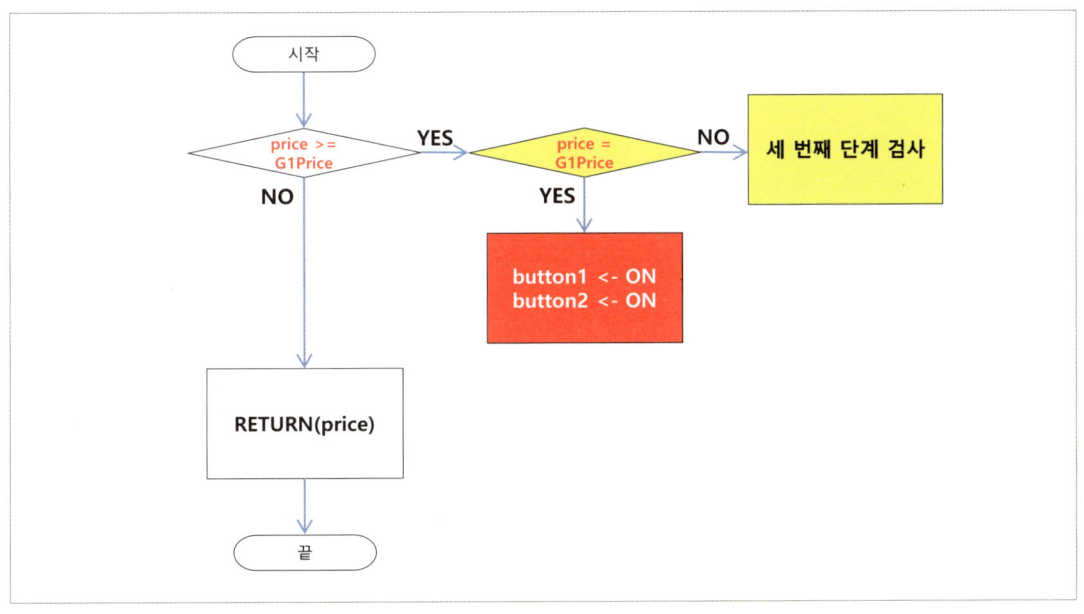

순서도 ㊷ 잔돈이 1,000원짜리 음료수 금액과 동일하게 남아 해당 버튼의 불을 켜는 예(실행되는 부분은 빨간색으로 표시함)

세 번째는 "남아있는 잔돈이 1,000원짜리 음료수 그룹의 가격(G1Price)보다 많다는 것을 확인하였으니, 1,500원짜리 음료수 가격(G2Price)보다 많거나 같은가(price >= G2Price)?"를 검사해야 한다. 이 검사에서 잔돈이 G2Price(1,500원)보다 적다면, G1Price와 G2Price 사이의 잔돈이 남았다는 것(G1Price < price < G2Price)을 의미한다. 결과적으로 1,000원짜리 음료수 버튼(button1과 button2)에만 불을 켜면 된다. 만약에 남아있는 잔돈이 G2Price보다 많거나 같다면 다음 단계의 조건을 검사해야 한다.

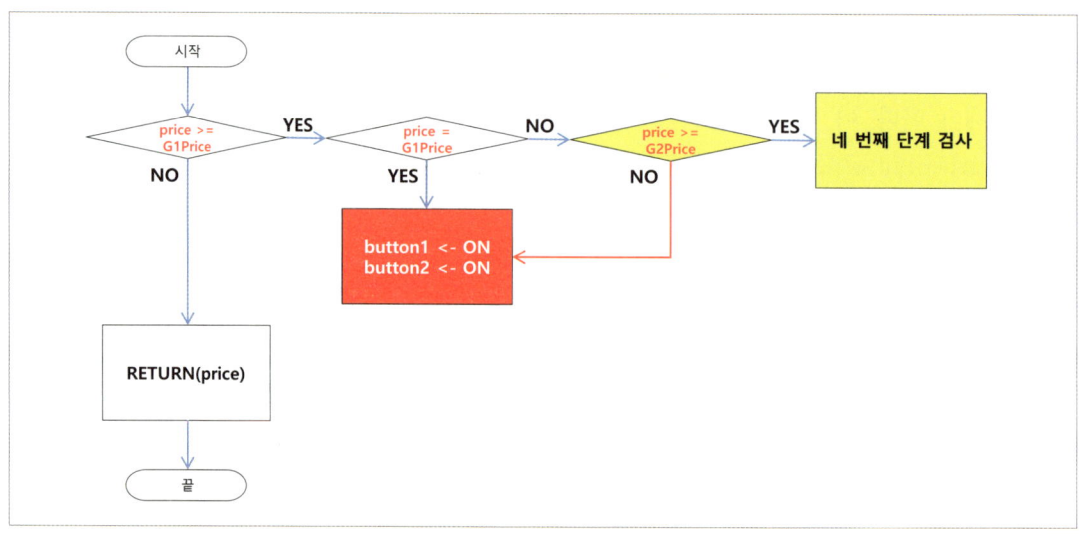

순서도 43 잔돈이 1,000원짜리와 1,500짜리 음료수 사이의 금액이 남아 해당 버튼의 불을 켜는 예
(실행되는 부분은 빨간색으로 표시함)

네 번째는 "남아있는 잔돈이 1,500원짜리 음료수 그룹의 가격(G2Price)보다 많다는 것을 확인하였으니, 2,000원짜리 음료수 가격(G3Price)보다 많거나 같은가(price >= G3Price)?"를 검사해야 한다. 이 검사에서 잔돈이 G2Price(1,500원)과 같다면 1,000원짜리와 1,500원짜리 음료수 버튼(button1, button2, button3)에만 불을 켜면 된다. 만약에 남아있는 잔돈이 G2Price와 같지 않다면 다음 단계의 조건을 검사해야 한다.

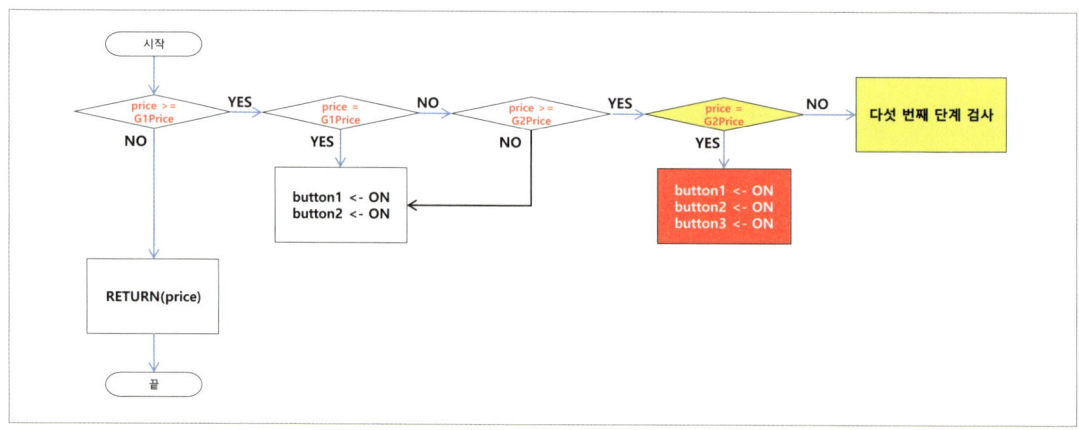

순서도 44 잔돈이 1,500원짜리 음료수 금액과 동일하게 남아 해당 버튼의 불을 켜는 예
(실행되는 부분은 빨간색으로 표시함)

다섯 번째는 "남아있는 잔돈이 1,500원짜리 음료수 그룹의 가격이상인 것을 확인하였으니, 2,000원짜리 음료수 가격(G3Price)보다 많거나 같은가(price >= G3Price)?"이다. 이 검사에서 잔돈이 G3Price(2,000원)보다 적다면, G2Price와 G3Price 사이의 잔돈이 남았다는 것 (G2Price < price < G3Price)을 의미한다. 결과적으로 1,000원짜리 음료수 버튼(button1, button2)과 1,500원짜리 음료수 버튼(button3)에 불을 켜면 된다. 만약에 남아있는 잔돈이 G3Price보다 많거나 같다면 1,000원, 1,5000원, 2,000원짜리 음료수 버튼 모두(button1, button2, button3, button4, button5)를 켜면 된다.

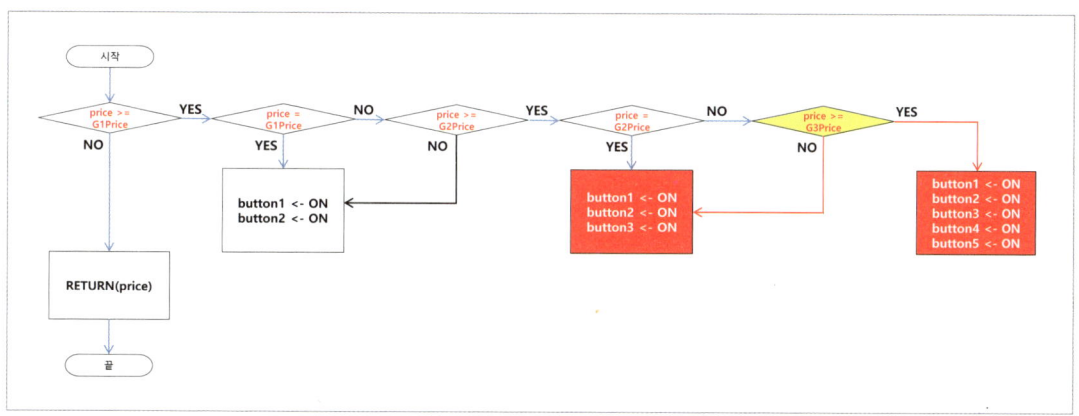

순서도 ㊺ 잔돈이 1,500원짜리와 2,000짜리 음료수 사이의 금액이 남아 있는 경우와 2,000짜리 음료수 금액 이상이 남아 해당 버튼의 불을 켜는 예(실행되는 부분은 빨간색으로 표시함)

잔돈 계산의 결과에 따라 해당 버튼의 불을 켠 후에는 "고객이 음료수 선택 버튼을 눌렀는가?"를 검사해야 한다. 검사 결과 고객이 음료수 선택 버튼을 누르지 않을 경우 잔돈을 반환하고 끝내면 된다. 검사 결과 고객이 음료수 선택 버튼을 눌렀다면 해당 음료수를 제공하는 지점인 'ⓒ'로 이동한다.

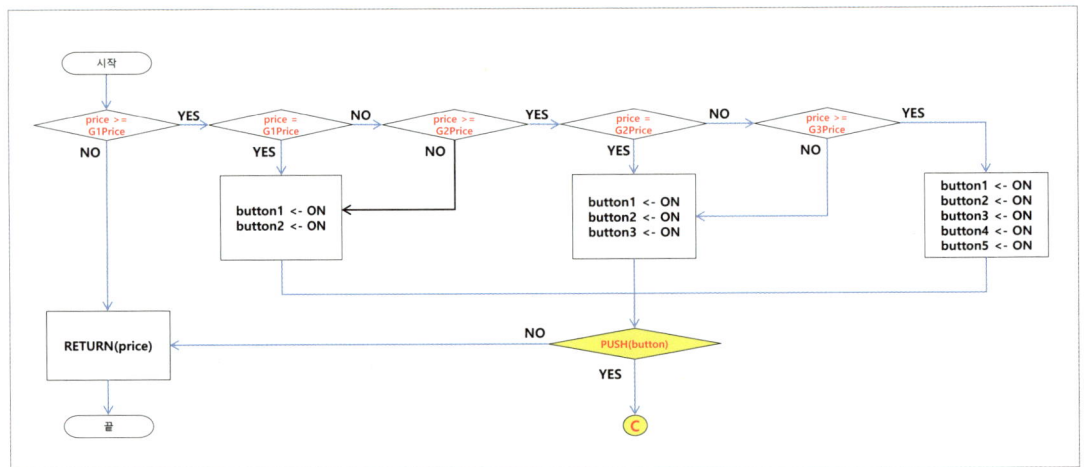

순서도 46 고객이 음료수 버튼을 눌렀는가를 검사하여 해당 작업을 시행하는 예

창의적으로 생각해봅시다!

[순서도 46]의 경우에 음료수 버튼의 불을 켜기만 했지 불을 끄는 내용은 없다.
(1) 불을 꺼도 되고 끄지 않아도 되는가? 그렇다면 그 이유는 무엇인가?
(2) 불을 꺼도 되고 끄지 않아도 된다면, 어떤 방식이 더 좋은 것인가?
창의적으로 생각해서 정리해봅시다.

10 맥락을 추가하자(6)

[순서도 46]의 문제점은 무엇인가?

남아 있는 잔돈에 따라 음료수 버튼을 켜고 해당되지 않는 음료수 버튼의 불은 끈 상태에서 "고객이 음료수 버튼을 눌렀는가?"를 바로 검사하도록 되어있다. 고객이 자신이 선택할 음료수 종류에 대하여 고민할 수 있는 조금의 시간도 주어지지 않는 것이다. 이 경우에 고객이 바로 음료수 버튼을 선택하지 않을 경우 잔돈을 반환하고 끝나게 된다.

해결책은 무엇인가?

고객이 음료수를 선택할 수 있는 음료수 버튼의 불을 킨 상태가 된 후에는 약간의 대기 시간을 주는 것이다. 이 시간 동안 고객은 자신이 다음에 마실 음료수를 결정하고 버튼을 누를 수 있게 된다. [순서도 47]에서는 '5초'의 대기시간을 기다리도록 설계되었다.

> **창의적으로 생각해봅시다!**
>
> (1) 대기시간은 어느 정도인 것이 이상적일까?
> (2) 대기시간을 결정하기 위하여 고민해야 할 것들은 무엇이 있을까?
> (3) 여러분들이라면 유료 음료수 자동판매기에서 잔돈을 계산한 후에 고객이 음료수 선택 버튼을 누르는 가를 기다려 주는 대기시간을 얼마로 설정하겠는가?
> (4) 대기시간 지정이 필요한 다양한 사례들을 창의적으로 찾아서 정리해봅시다.
> (5) 이와 같이 대기시간과 관련된 이슈들을 창의적으로 생각해서 정리해봅시다.

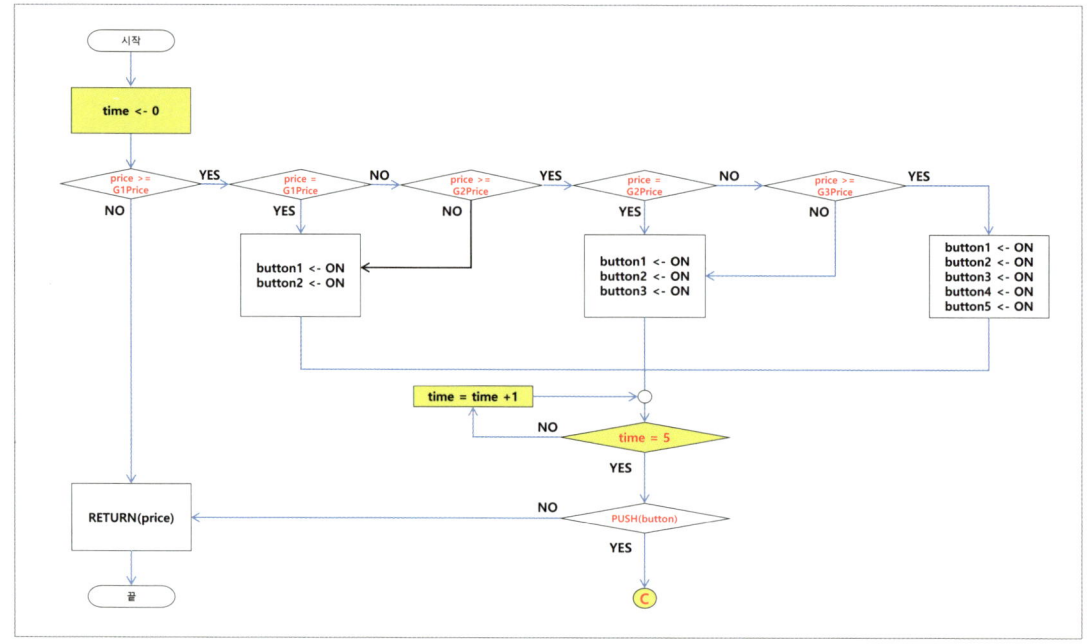

순서도 47 대기시간을 추가한 예

11 맥락을 추가하자(7)

[순서도 47]의 내용을 개선해 보자.

프로그램의 동작 부분에서 사용되는 특정 값을 '상수'로 선언함으로써 더 좋은 SW 코딩 작업을 할 수 있다고 하였다. 그렇다고 모든 SW 코딩에서 '상수' 선언이 가능한 것은 아니다. 그러나 [순서도 47]의 경우에는 '상수'로 선언할 수 있는 것이 있다. '대기시간'이다.

[순서도 48]에서는 '대기시간'의 상수 이름을 'wait'로 정의한 후에, 동작 부분에서 "대기시간이 되었는가?"를 검사하는 조건은 'time = wait'로 정의하였다. 좋은 SW 코딩을 완성하였다.

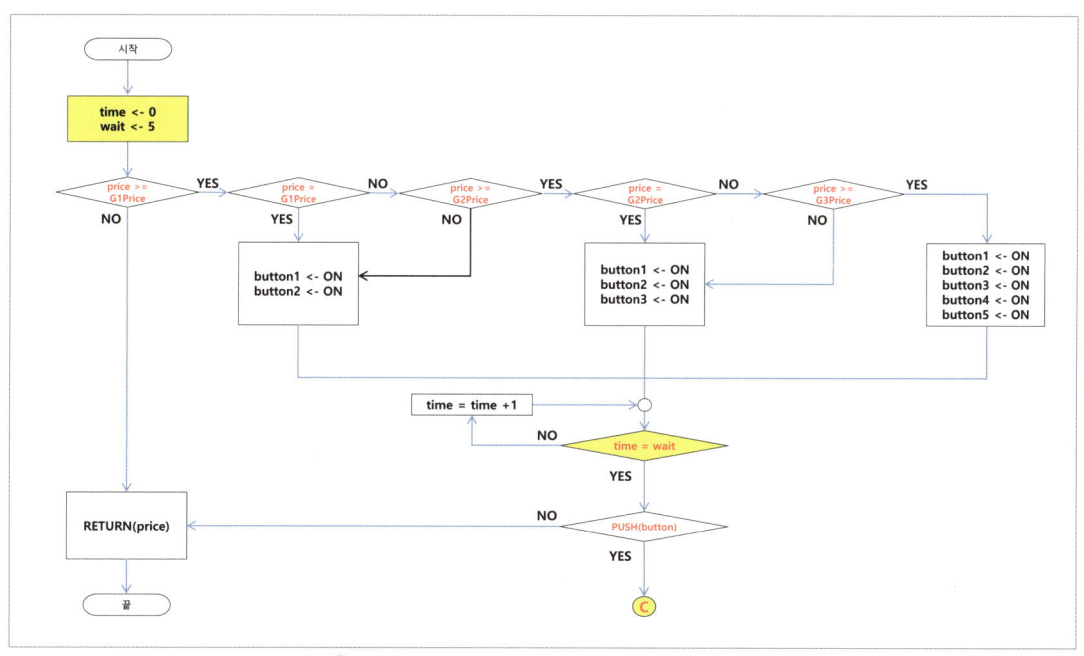

순서도 48 CALCULATE-CHANGE-G(price) 함수 동작 순서도

12 [순서도 48]의 내용을 의사코드로 표현해보자

```
/* 선언 부분, 데이터 선언 */
time ← 0                              /* 시간 변수에 0을 저장 */

/* 상수 선언 */
wait ← 5                              /* 고객이 음료수를 선택하는 동안을 기다려주는 대기시간 */

/* 동작 부분, 프로그램 실행 내용 */
IF (price >= G1Price)                 /* 남아있는 잔돈이 G1Price(1,000)보다 많은가를 확인함(추가적인
                                         음료수 버튼을 선택할 가능성이 있는가를 확인하는 것임) */

THEN {                                /* 남아있는 잔돈으로 음료수를 선택할 수 있는 경우에 처리하는
                                         모듈의 시작 지점 */
    IF (price = G1Price)
            THEN {                    /* 남아있는 잔돈이 1,000원 인 경우에 처리하는 부분임 */
                    button1 ← ON
                    button2 ← ON
            }
            ELSE {
                    IF (price >= G2Price)
                            THEN {
                                    IF (price = G2Price)
                                            THEN {   /* 남아있는 잔돈이 1,500원 인 경우에 처리하는
                                                         부분임 */
                                                    button1 ← ON
                                                    button2 ← ON
                                                    button3 ← ON
                                            }
                                            ELSE {
                                            IF (price >= G3Price)
                                            THEN {   /* 남아있는 잔돈이 2,000원 이상인 경우에 처리
                                                         하는 부분임 */
                                                    button1 ← ON
```

                                button2 ← ON
                                button3 ← ON
                                button4 ← ON
                                button5 ← ON
                            }
                            ELSE {
                                button1 ← ON
                                button2 ← ON
                                button3 ← ON
                        }
                    }
                ELSE {
                    button1 ← ON
                    button2 ← ON
                }
            }
 }   /* 남아있는 잔돈으로 음료수를 선택할 수 있는 경우에 처리하는
                                             모듈의 종료 지점 */
  ELSE (RETURN(price))   /* 남아있는 잔돈으로 음료수를 선택할 수 없는 경우에 잔돈을 반환함 */

WHILE (time = wait)   /* 정해진 시간 동안 고객이 음료수를 선택할 수 있도록 대기함 */
    (time ← time + 1)
DO

IF (PUSH(button))
    THEN (GOTO ⓒ)   /* 정해진 시간이내에 고객이 음료수를 선택 버튼을 누를 경우 해당
                                             처리 지점으로 이동함 */
    ELSE (RETURN(price))   /* 정해진 시간이내에 고객이 음료수를 선택 버튼을 누르지 않을 경우
                                             잔돈을 반환함 */

[의사코드 8] CALCULATE-CHANGE-G(price) 함수의 의사코드

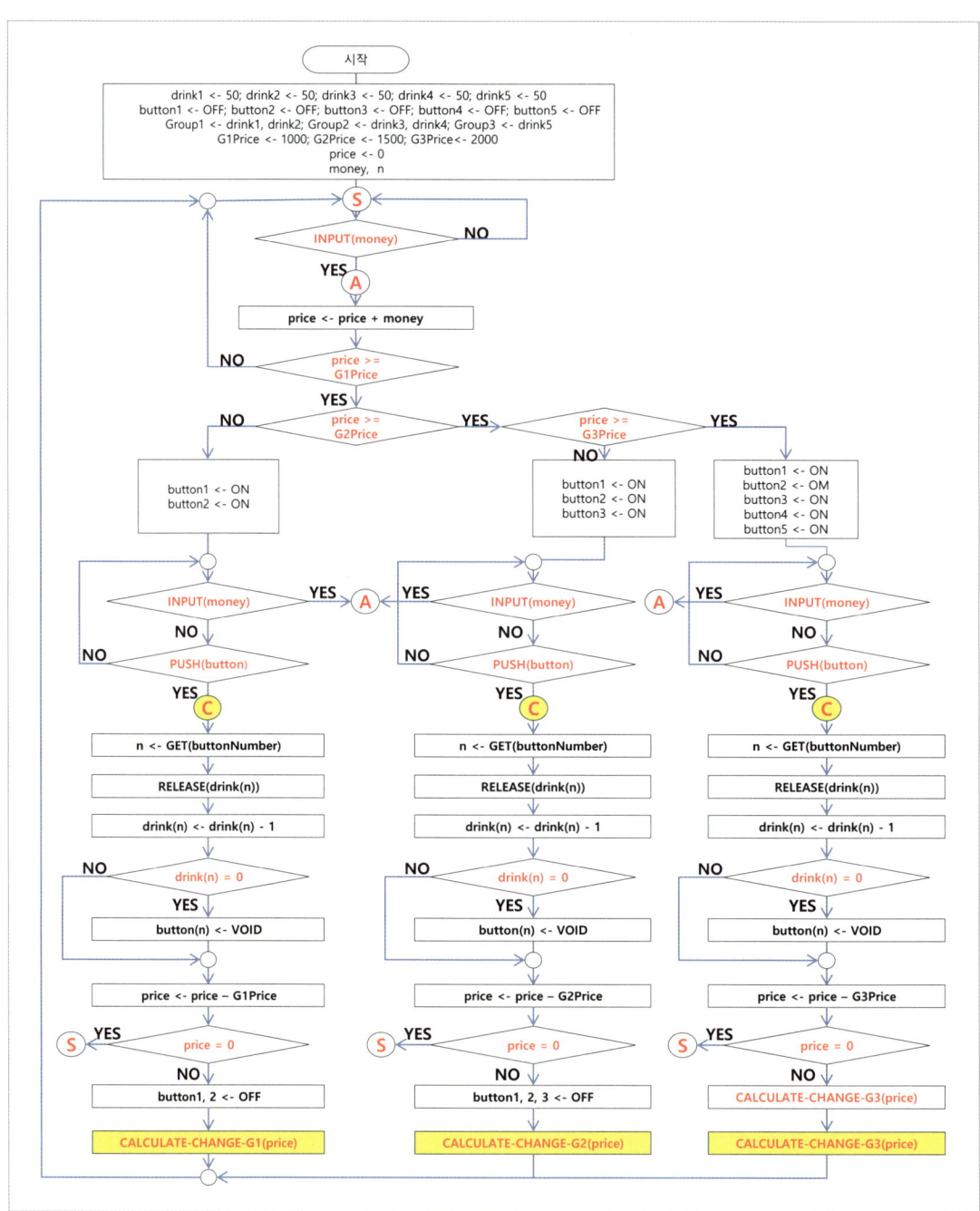

순서도 49 '동작 부분'이 포함된 유료 음료수 자동판매기 SW 코딩(4)

13 [순서도 49]의 내용을 의사코드로 표현해보자

```
/* 선언 부분, 데이터 선언 */
n                            /* 음료수 버튼 번호를 저장하는 변수 */
money                        /* 고객이 투입하는 요금을 저장하는 변수 */
price ← 0                    /* 고객이 투입한 음료수 총 요금을 저장하는 변수에 0을 저장 */
time ← 0                     /* 시간 변수에 0을 저장 */
drink1 ← 50                  /* 첫 번째 음료수 개수는 50개 */
drink2 ← 50                  /* 두 번째 음료수 개수는 50개 */
drink3 ← 50                  /* 세 번째 음료수 개수는 50개 */
drink4 ← 50                  /* 네 번째 음료수 개수는 50개 */
drink5 ← 50                  /* 다섯 번째 음료수 개수는 50개 */
button1 ← OFF                /* 첫 번째 음료수와 연결된 버튼에 불을 끔 */
button2 ← OFF                /* 두 번째 음료수와 연결된 버튼에 불을 끔 */
button3 ← OFF                /* 세 번째 음료수와 연결된 버튼에 불을 끔 */
button4 ← OFF                /* 네 번째 음료수와 연결된 버튼에 불을 끔 */
button5 ← OFF                /* 다섯 번째 음료수와 연결된 버튼에 불을 끔 */
Group1 ← drink1, drink2      /* 요금이 1,000원인 음료수 그룹에 해당하는 음료수 지정 */
Group2 ← drink3              /* 요금이 1,500원인 음료수 그룹에 해당하는 음료수 지정 */
Group3 ← drink4, drink5      /* 요금이 2,000원인 음료수 그룹에 해당하는 음료수 지정 */
G1Price ← 1,000              /* 첫 번째 그룹에 속한 음료수 가격을 저장하는 변수에 1,000원을
                                배정한다. */
G2Price ← 1,500              /* 두 번째 그룹에 속한 음료수 가격을 저장하는 변수에 1,500원을
                                배정한다. */
G3Price ← 2,000              /* 세 번째 그룹에 속한 음료수 가격을 저장하는 변수에 2,000원을
                                배정한다. */

/* 동작 부분, 프로그램 실행 내용 */
WHILE (TRUE)                 /* 무한루프로 시행 */
{
 Ⓢ:                          /* Ⓢ 레이블 표시 */
  DO
  {
   IF (INPUT(money))         /* 음료수 요금이 투입되었는가를 확인함 */
      THEN (                 /* 음료수 요금이 투입되었을 때 실행하는 모듈 */
```

Ⓐ:   /* Ⓐ 레이블 표시 */
        price ← price +money)   /* 고객이 투입하는 음료수 요금을 누적시킴 */
 }
 UNTIL (price >= G1Price)   /* 고객이 투입한 요금이 G1Price(1,000원) 이상일 때까지 반복함 */
 IF (price >= G2Price)
   THEN {
       IF (price >= G3Price)
         THEN {   /* 고객이 투입한 요금이 G3Price(2,000원) 이상일 경우에 실행하는
                                               모듈의 시작 지점 */

           button1 ← ON
           button2 ← ON
           button3 ← ON
           button4 ← ON
           button5 ← ON
           DO
           {
              IF (INPUT(money))   /* 음료수 요금이 투입되었는가를 확인함 */
                THEN (GOTO Ⓐ)
                                            /* 고객이 요금을 투입하면 Ⓐ로 이동함 */
           }
           UNTIL (IF (PUSH(button))   /* 고객이 음료수 버튼을 누를 때까지 반복함 */
Ⓒ:
           n ← GET(buttonNumber)   /* 고객이 누른 버튼 번호 값을 확인함 */
           RELEASE(drink(n))   /* 고객이 누른 버튼 번호의 음료수를 제공함 */
           drink(n) ← drink(n) - 1   /* 제공한 음료수 개수를 1 감소시킴 */
           IF (drink(n) = 0)
              THEN (button(n) ← VOID)
                                            /* 고객에게 제공한 음료수가 남아있는가를 확인하여 남아있지 않은
                                               경우 없음을 표시함 */
           price ← price - G3Price
                                            /* 고객이 투입한 음료수 요금에서 이용한 음료수 요금을 차감함(남은
                                               금액을 계산함) */
           IF (price = 0)
              THEN (GOTO Ⓢ) /* 고객 요금이 0원이 되면 Ⓢ로 이동함 */
              ELSE {   /* 잔돈이 남았을 경우에 실행함 */
                 button1 ← OFF   /* button1의 불을 끔 */
                 button2 ← OFF   /* button2의 불을 끔 */

```
            button3 ← OFF              /* button3의 불을 끔 */
            button4 ← OFF              /* button4의 불을 끔 */
            button5 ← OFF              /* button5의 불을 끔 */
            CALCULATE-CHANGE-G3(price)
                                       /* 잔돈을 계산하는 함수를 호출함 */
        }
    }
                                       /* 고객이 투입한 요금이 G3Price(2,000원) 이상일 경우에 실행하는
                                          모듈의 종료 지점 */
    ELSE {                             /* 고객이 투입한 요금이 G2Price(1,500원) 이상이나, G3Price(2,000
                                          원)보다는 작은 경우에 실행하는 모듈의 시작 지점 */
        button1 ← ON
        button2 ← ON
        button3 ← ON
        DO
        {
          IF (INPUT(money))            /* 음료수 요금이 투입되었는가를 확인함 */
                THEN (GOTO Ⓐ)
                                       /* 고객이 요금을 투입하면 Ⓐ로 이동함 */
        }
        UNTIL (IF (PUSH(button)        /* 고객이 음료수 버튼을 누를 때까지 반복함 */
Ⓒ:
        n ← GET(buttonNumber)          /* 고객이 누른 버튼 번호 값을 확인함 */
        RELEASE(drink(n))              /* 고객이 누른 버튼 번호의 음료수를 제공함 */
        drink(n) ← drink(n) - 1        /* 제공한 음료수 개수를 1 감소시킴 */
        IF (drink(n) = 0)
            THEN (button(n) ← VOID)
                                       /* 고객에게 제공한 음료수가 남아있는가를 확인하여 남아있지 않은
                                          경우 없음을 표시함 */
        price ← price - G2Price
                                       /* 고객이 투입한 음료수 요금에서 이용한 음료수 요금을 차감함(남은
                                          금액을 계산함) */
        IF (price = 0)
            THEN (GOTO Ⓢ)              /* 고객 요금이 0원이 되면 Ⓢ로 이동함 */
            ELSE {                     /* 잔돈이 남았을 경우에 실행함 */
            button1 ← OFF              /* button1의 불을 끔 */
            button2 ← OFF              /* button2의 불을 끔 */
            button3 ← OFF              /* button3의 불을 끔 */
```

```
                    CALCULATE-CHANGE-G3(price)
                                        /* 잔돈을 계산하는 함수를 호출함 */
            }
        }
                                        /* 고객이 투입한 요금이 G2Price(1,500원) 이상이나, G3Price(2,000
                                           원)보다는 작은 경우에 실행하는 모듈의 종료 지점 */
    }
    ELSE {                              /* 고객이 투입한 요금이 G1Price(1,000원) 이상이나, G2Price(1,500
                                           원)보다는 작은 경우에 실행하는 모듈의 시작 지점 */
        button1 ← ON
        button2 ← ON
        DO
        {
            IF (INPUT(money))   /* 음료수 요금이 투입되었는가를 확인함 */
            THEN (GOTO Ⓐ)       /* 고객이 요금을 투입하면 Ⓐ로 이동함 */
        }
        UNTIL (IF (PUSH(button))) /* 고객이 음료수 버튼을 누를 때까지 반복함 */
©:
        n ← GET(buttonNumber) /* 고객이 누른 버튼 번호 값을 확인함 */
        RELEASE(drink(n))      /* 고객이 누른 버튼 번호의 음료수를 제공함 */
        drink(n) ← drink(n) - 1  /* 제공한 음료수 개수를 1 감소시킴 */
        IF (drink(n) = 0)
            THEN (button(n) ← VOID) /* 고객에게 제공한 음료수가 남아있는가를 확인하여 남아
                                       있지 않은 경우 없음을 표시함 */
        price ← price - G1Price  /* 고객이 투입한 음료수 요금에서 이용한 음료수 요금을 차
                                    감함 (남은 금액을 계산함) */
        IF (price = 0)
            THEN (GOTO Ⓢ)       /* 고객 요금이 0원이 되면 Ⓢ로 이동함 */
            ELSE {              /* 잔돈이 남았을 경우에 실행함 */
                button1 ← OFF   /* button1의 불을 끔 */
                button2 ← OFF   /* button2의 불을 끔 */
                CALCULATE-CHANGE-G3(price)
                                /* 잔돈을 계산하는 함수를 호출함 */
            }
    }                           /* 고객이 투입한 요금이 G1Price(1,000원) 이상이나, G2Price(1,500
                                   원)보다는 작은 경우에 실행하는 모듈의 종료 지점 */
}
DO
```

[의사코드 9] '동작 부분'이 포함된 유료 음료수 자동판매기 SW 코딩(4)

창의적으로 생각해봅시다!

음료수 자동판매기 이용자의 충성도(loyalty)를 극대화시켜 자동판매기의 매출을 올릴 수 있는 방법은 무엇이 있을까?

고객의 충성도를 자극하는 마케팅 사례는 무엇이 있는가? 대표적인 것이 오프라인 매장을 방문하여 상품을 구매할 때마다 구매 스탬프(stamp)를 찍어주는 것이다. 이러한 방식을 음료수 자동판매기에서도 이용할 수 있을까? 이러한 질문에 대한 해답을 일본 오사카(大阪) 방문에서 찾았으며, 그 내용은 다음과 같다.

[그림 12]는 오사카시 난바(なんば) 지역에 설치된 코카콜라사의 자동판매기다. 이 자동판매기에서는 특별한 부가서비스가 제공되며, 이를 이용하기 위해서는 코카콜라에서 제공하는 앱(App)인 'Coke n'을 자신의 스마트폰에 다운로드받아 설치해야 한다. 'Coke n'을 설치한 후에 서비스 이용 방법은 다음과 같다.

첫째, 서비스가 지원되는 자동판매기에서 음료수를 구매할 경우 스마트폰에 설치된 'Coke n'을 실행시킨다.
둘째, 'Coke n'이 실행되었으면, 스마트폰을 음료수 자동판매기에 가까이 가져간다.
셋째, 블루투스(Bluetooth) 통신으로 'Coke n'을 인식한 자동판매기는 고객이 음료수를 구매하면 스탬프를 제공한다.
넷째, 고객이 이 스탬프를 15번 획득하면 음료수 1병을 무료로 받게 된다.

음료수 자동판매기 이용자의 충성도를 이용한 마케팅 방법 중 또 다른 것은 무엇이 있을 수 있을까? 음료수 자동판매기 SW 개발 시 활용 가능한 방법은 무엇이 있을까? 다양한 측면에서 창의적으로 생각해봅시다.

그림 ⑫ 'Coke n' 어플을 이용하여 스탬프를 제공하는 음료수 자동판매기

창의적으로 생각해봅시다!

LCD 화면으로 뉴스와 광고도 보여주는 자동판매기에서 음료수를 판매하는 SW 프로그램을 개발하기 위해서는 어떻게 해야 할까?

자동판매기는 계속적으로 진화하고 있다고 하였다. 앞에서 설명한 어플을 이용하여 스탬프를 제공하는 자동판매기도 진화한 것이다. 또 다른 사례를 일본에서 발견하였다.

[그림 13]은 일본 간사이(關西) 공항에 설치된 음료수 자동판매기다. 이 자동판매기에는 대형 화면이 설치되어 있다. 아마도 LCD 화면인 듯하다. 화면에서는 지역 일기예보와 같은 정보를 제공하고 간단한 뉴스도 제공한다. 물론 위쪽에는 자동판매기 회사에서 판매하는 음료수 광고가 항시 재생된다. 사실 이와 같은 기술은 자동판매기 분야가 아닌 다른 영역(예, 엘리베이터)에서는 이미 널리 이용되고 있는 것이다. 그러한 기술을 자동판매기에 접목했다는 것이 중요한 것이다.

[그림 13]과 같은 LCD 화면에서 자동판매기 메뉴를 제공하기 위해서는 SW 프로그램을 어떻게 구성해야 할까? 물론 정보도 제공하고 뉴스도 제공하면서 음료수 판매가 이루어 져야 한다. 이럴 경우에 고객이 음료수를 주문하기 위하여 LCD 화면을 터치한다면 재생 중이던 광고와 뉴스 등을 어떻게 할 것인가?

최적의 SW 프로그램을 개발하기 위하여 고려해야 할 것들을 정리해 봅시다. 이를 구현하는 다양 방법들을 창의적으로 생각해봅시다.

그림 13 LCD 화면을 장착하여 다양한 정보와 광고를 제공하는 음료수 자동판매기

SW 코딩 테스트 **21**

창조형 SW 코딩 작업의 시작

세상에서 가장 대중적인 자동판매기인 음료수 자동판매기를 좀 더 똑똑한 음료수 자동판매기로 만드는 것은 가능한가? 가능하다면 어떤 내용(기능)을 추가할 수 있을까? 지금까지 살펴본 음료수 자동판매기 SW는 서비스를 이용하는 고객 중심의 내용이었다. 그렇다면 음료수 자동판매기를 관리하는 작업자의 관점에서는 좀 더 편리하고 지능적으로 관리할 수 있는 방법은 없을까? 지금부터 내용을 확인해 봅시다.

1 창조형 작업의 시작

지금부터는 단순히 음료수 자동판매기의 SW 코딩 작업을 뛰어넘는 고급스러운 아이디어를 제안하는 작업을 시작하고자 한다. SW 코딩 작업은 기나긴 여정과 같다고 하였다. 단순히 SW 프로그램 코드를 생산하는 작업을 뛰어넘는 것이다. 이러한 고차원적인 작업이 진행되기 위해서는 보다 폭넓고 깊이 있는 사고를 할 수 있어야 한다. 이제 여러분들은 음료수 자동판매기 SW 프로그램 개발에 있어서 고차원적인 작업을 진행할 수 있는 준비가 되었다.

2 제4차 산업혁명의 시작

4차 산업혁명 시대는 '지능정보사회' 라 한다. 지능정보사회의 핵심 기술은 '지능정보기술' 이라고 하며 지능정보기술의 핵심은 ICBM(사물인터넷(IoT), 클라우드(Cloud), 빅 데이터(Big data), 모바일(Mobile))으로 정의할 수 있다. 지능정보사회의 핵심기술이라고 이야기하는 ICBM의 핵심은 소프트웨어(SW)이기도 하다. 이와 같은 지능정보기술이 핵심적인 역할을 담당하는 4차 산업혁명 시대의 사회적인 특징을 가장 잘 표현한 용어 중 하나가 초연결(hyper-connectivity)과 초지능(super-intelligence)이다. 결과적으로 4차 산업혁명 시대는 연결가능한 모든 사물이 네트워킹(networking)되는 초연결 사회이고, 이로 인하여 생성되는 엄청난 양의 빅 데이터를 가공하여 지능적인 의사결정과 서비스를 시행할 수 있는 초지능 사회다.

핵심은 '초연결' 과 '초지능' 이다. 그렇다면 세상에 존재하는 수많은 자동판매기들도 당연히 연결가능하고, 연결되어야 할 것이며, 연결될 것이다. 이와 같이 자동판매기들이 초연결 상태로 진입하게 된다면, 이제는 초연결 상태의 자동판매기를 관리하는 과정도 고민해야 할 것이다. 무엇이 필요하고, 어떤 어려움이 예상되며, 이를 해소할 수 있는 방법은 무엇인가? 이러한 과정을 통하여 새롭게 얻을 수 있는 지능적인 서비스는 무엇인가? 등을 고민해야 할 것이다.

3 자동판매기의 생존전략은 무엇인가?

최근 들어 온라인 쇼핑의 성장세가 눈부시다. 얼마 전까지만 해도 오프라인 쇼핑의 보조적인 수단이라고 생각했던 온라인 쇼핑이 이와 같이 빠르게 성장할 수 있었던 이유는 무엇인가? 여러 가지 원인이 있을 수 있으나, 그 중 가장 결정적인 역할을 한 것은 '데이터(data)'라고 할 수 있다. 온라인 쇼핑을 주도하는 쇼핑몰에서는 고객의 데이터를 꾸준히 수집(collect)하고 가공(processing)함으로써 다양한 부가가치를 창출한 것이다. 예를 들면, 고객이 좋아하는 상품은 무엇인가? 고객이 쇼핑하는 시간대는 어떠한가? 일/주/월/년 평균 매출은 얼마인가? 등을 알 수 있는 데이터를 수집하고 가공한 것이다. 이와 같은 이유로 인하여 미국은 아마존(Amazon)의 영향으로 수많은 오프라인 매장이 문을 닫고 있으며, 중국은 알리바바(Alibaba) 때문에 오프라인 매장들이 문을 닫고 있다.
이러한 상황에 따라 '자동판매기'에게는 다음과 같은 질문을 할 수 있다.

첫째, 이런 상황은 '자동판매기'에게 기회가 될 것인가? 위기가 될 것인가?
둘째, '자동판매기'는 이런 상황을 활용할 수 있는 어떠한 장점을 가지고 있는가?
셋째, '자동판매기'는 전통적인 판매의 기능만으로는 위기를 맞이할 수도 있는가?
넷째, '자동판매기'의 강점을 살리고, 약점을 보완할 수 있는 생존전략은 무엇인가? 등이다.

두 말할 필요 없이 '자동판매기'에서도 '데이터'를 수집하고 활용하는 전략을 수립해야 한다. 많은 전문가들이 "데이터는 21세기 석유다."라고들 한다. 21세기 석유인 데이터를 꾸준히 수집하여 빅 데이터를 구축한 후에 활용하는 방안을 마련할 필요가 있다는 것이다. 이러한 경향을 잘 반영한 이야기 중 하나가 "21세기는 정보 기술(IT : Information Technology)의 시대가 아니라 데이터 기술(DT : Data Technology)의 시대다."라고 하는 것이다. 이와 같은 이유로 인하여 현재 '데이터 과학(data science)'에 대한 관심이 증가하고 있는 실정이다.

> **창의적으로 생각해봅시다!**
> (1) 빅 데이터를 수집하고 활용하는 사례는 우리 생활 주변에서 쉽게 발견할 수 있다.
> (2) 다양한 사례들을 찾아보고, 자신이 데이터 과학자라면 데이터를 수집하여 어떤 일들을 할 수 있는지 창의적으로 생각하고 찾아본 후에 정리해봅시다.

4 SW 코딩을 위한 힌트

[그림 14]는 일본 도쿄(東京) 긴자(銀座)에 있는 유명한 라면집(Soba)[29]의 좁은 골목길에 설치된 음료수 자동판매기의 사진이다. 어느 겨울 저자가 점심으로 라면을 먹기 위하여 줄을 서서 한참을 기다리고 있는데 음료수 자동판매기에 부족한 음료수 캔과 병을 보충해주는 작업자가 일하는 것을 촬영하였다. [그림 15]는 이태리(Italy) 피사(Pisa) 역에 설치된 자동판매기 장치를 작업자가 정기 점검하는 과정을 촬영한 것이다. 이와 같이 자동판매기의 모양과 용도는 달라도 자동판매기의 관리를 담당하는 작업자들이 정기적으로 물품을 채워주고 하드웨어 장치와 소프트웨어 기능도 점검하고 수리한다.

동경의 라면집에 들어갈 차례를 기다리면서 작업자의 작업 과정을 자연스럽게 보게 되었다. 음료수 자동판매기의 앞쪽 문을 열자 음료수를 공급하는 칸들이 나타났다. 작업자는 좁은 칸에 부족한 음료수를 채워 넣기 시작하였다. 그런데, 어떤 칸은 새롭게 채워 넣어야 하는 음료수가 많이 필요하고, 또 어떤 칸은 거의 필요하지 않은 경우도 있다는 것을 발견하였다. 인기 있는 음료수와 인기가 별로 없는 음료수의 차이인 것이다. 심지어는 하나도 팔리지 않은 음료수도 있었다. 작업자는 여러 가지 음료수 박스를 가져왔지만 그 중에서 음료수 자동판매기에 부족분을 채워 넣은 것은 많지 않았다.

왜 이런 일이 발생하는 것일까? 좀 더 개선된 방법은 없을까? 지금부터 새로운 방법을 찾아보자.

그림 ⑭ 음료수 자동판매기의 음료수 보충 작업

---

29) 일본 도쿄의 미슐렝 가이드(Michelin Guide Tokyo)에 등재된 라면집

그림 15 자동판매기의 정기점검 작업

5 자동판매기를 관리하는 회사는 어떤 방법으로 음료수를 보충할까?

아마도 경험적인 데이터 값을 사용할 것이다. 음료수를 보충하기 위하여 매일 자동판매기가 설치된 지역을 작업자들이 방문한다고 가정하자. 매일매일 새롭게 보충해야 하는 음료수들의 양을 예측하는 것은 경험적인 데이터 값이라는 것이다. 예를 들면, 인기가 있는 음료수는 많이 가져나가고 인기가 없는 음료수는 적게 가져나가는 것이다. 결과적으로 매일 똑같은 양 또는 비슷한 양의 음료수를 가져나갈 것이다.

6 경험적인 데이터 값을 이용하는 작업 방식으로 문제가 발생할 가능성은 없는가?

사람의 경험은 매우 지능적이고 유용한 것이다. 이러한 경험을 기반으로 사람들은 직관적으로 일처리를 할 수 있게 된다. 이러한 직관(insight)은 사람과 인공지능으로 무장한 기계간의 중요한 차이점 중에 하나다. 즉, 직관은 사람만 가지고 있는 강력한 무기인 것이다. 그러나 경험에 의존한 직관적인 작업 방식은 돌발 상황에 대처하기 어려운 경우가 발생할 수 있다. 예를 들면, 하루에 한 번씩 음료수 자동판매기에 음료수 캔과 병을 보충하는 작업을 한다고 가정하자. 평소에는 잘 팔리지 않기 때문에 적은 양을 제공하는 콜라가 어제는 불티나게 판매되었다면 어찌하겠는가? 그것도 특정 지역의 음료수 자동판매기에서만 그러한 일이 발생하였다면 어찌하겠는가? 평소와 같이 음료수를 준비하여 출발한 직원은 평소와 달리 콜라가 엄청나게 많이 팔린 음료수 자동판매기에 콜라 캔을 보충하고 나면 다음 음료수 자동판매기에는 보충할 콜라 캔이 부족하다는 것을 알고는 후회하게 될 수도 있다. 그러나 어쩔 수 없는 일이다. 신이 아닌 이상 전날 콜라 캔이 얼마나 판매되었는가를 경험에 근거하여 정확히 알 수 있는 방법은 없기 때문이다.

7 SW 프로그램을 활용한 개선방안을 찾아보자!

이와 같은 상황을 고려할 때 음료수 자동판매기에 추가할 수 있는 SW 프로그램은 무엇이 있을까?

음료수 자동판매기의 재고관리 SW 프로그램을 만들면 어떨까?

음료수 자동판매기의 재고관리 SW 프로그램을 만들면 어떤 점이 좋아지는가?

8 음료수 자동판매기의 재고관리란 무엇인가?

음료수 자동판매기 재고관리의 핵심은 모든 음료수 자동판매기에 적정한 양의 음료수가 준비되어 있도록 하는 것이다. 그렇다면 음료수 자동판매기의 재고관리는 어떻게 할 것인가? 음료수 자동판매기의 재고관리를 어떻게 하면 가장 좋은가? 지금부터 그 방법을 살펴보자.

9 음료수 자동판매기 재고관리의 핵심은 무엇인가?

음료수 판매량을 관리하는 것이다. 일일 판매량, 월별 판매량, 분기별 판매량, 연간 판매량 등을 관리할 수 있다. 이러한 데이터들이 차곡차곡 모이면 빅 데이터(Big data)가 된다.

창의적으로 생각해봅시다!

(1) 판매량 관리를 위한 빅 데이터가 모이면 무엇을 할 수 있는가? 여러 가지 일들을 할 수 있다. 하나씩 살펴보자.
(2) 음료수 자동판매기가 설치된 지역에서 '가장 인기 있는 음료수'는 무엇인지를 확인할 수 있으며, '가장 인기가 없는 음료수'는 무엇인지도 확인할 수 있다.
(3) 음료수 자동판매기에서 판매되는 음료수별로 '1일 평균 판매량', '1일 최대 판매량', '1일 최소 판매량' 등을 확인할 수 있다.
(4) 음료수 자동판매기에서 '오늘 판매될 음료수의 양', '이달에 판매될 음료수의 양', '이번 분기에 판매될 음료수의 양', '올해에 판매될 음료수의 양' 등을 예측할 수 있다.
(5) 이뿐인가? 음료수 자동판매기를 이용하는 '고객의 취향'을 확인할 수 있을 것이며, 이를 활용하여 앞으로 음료수 자동판매기에서 '유행하게 될 음료수의 트렌드(trend)'도 예측할 수 있을 것이다.
(6) 음료수 자동판매기가 설치된 지역적인 특성을 파악한다면, 어떤 지역에 음료수 자동판매기를 설치해야 하고, 어떤 지역에는 음료수 자동판매기를 설치하면 안 되는 지를 확인할 수도 있을 것이다.
(7) 판매량 관리를 위한 빅 데이터가 모이면 할 수 있는 일들은 무궁무진하다. 어떤 일들을 할 수 있는지 창의적으로 생각하고 찾아본 후에 정리해봅시다.

SW 코딩 테스트 **22**

단순한 자동판매기의 재고관리 SW 프로그램 만들기(1)

세상에서 가장 단순한 자동판매기인 음료수 자동판매기의 기능을 개선할 수 있는 방법 중 하나는 음료수 자동판매기의 재고관리 SW 프로그램을 개발하는 것이다. 거창하게 들리는 재고관리란 무엇인가? 재고관리를 위해서는 무엇을 해야 하는가? 지금부터 내용을 확인해 봅시다.

1 SW 코딩을 위한 힌트

음료수 자동판매기의 재고관리 SW 프로그램을 개발하기 위한 첫 번째 단계의 작업은 SW 프로그램 개발을 위한 가정을 설정하는 것이다. 하나씩 살펴보자.

첫째, 음료수 자동판매기에서 판매할 수 있는 음료수 캔이나 병을 저장할 수 있는 공간은 어느 정도인가? 음료수 자동판매기는 최대 20종류의 음료수를 판매할 수 있는 공간이 있다고 가정한다.

둘째, 한 개의 음료수 저장 공간(칸)에는 평균적으로 몇 개의 음료수를 저장할 수 있는가? 음료수 자동판매기의 음료수 저장 칸에는 50개의 음료수를 저장할 수 있다고 가정한다. 물론 판매가 잘 되는 인기 음료수의 경우에는 더 많은 공간(칸)을 할당할 수 있다.

셋째, 매일 음료수 판매량에 대한 통계 값을 작성한다고 가정한다.

넷째, 음료수 자동판매기에서 특정 음료수가 다 팔리면, 해당 음료수 버튼에 'SOLD OUT' 램프를 켠다.

> **창의적으로 생각해봅시다!**
>
> (1) 매일 자동판매기에서 판매되는 음료수 판매량에 대한 통계 값을 계산한다면 이것을 이용하여 무엇을 할 수 있을까? 생각보다 할 수 있는 일들은 많이 있다. 창의적으로 생각해봅시다.
> (2) 매일 자동판매기에서 판매되는 음료수 판매량에 대한 통계 값을 계산하는 방법을 확장할 수 있는 방안은 무엇인가? 시간대별로 통계 값을 측정하는 것이 한 가지 방안이 될 수도 있다. 시간대별로 측정한 데이터를 활용한다면 무엇을 할 수 있을까? 창의적으로 생각해봅시다.
> (3) 음료수 판매에 대한 통계 값 계산을 위하여 판매량 데이터 수집을 시간대별로 시행하는 것과 일 단위로 수집하는 것의 차이점은 무엇인가? 어떤 방법이 더 좋은가? 다양한 측면에서 장단점을 분석한 후에 정리해봅시다.

2 자연어로 표현하기

음료수 판매량을 계산하는 내용을 자연어로 표현하면 다음과 같다.

① 대기(Standby) 상태를 유지한다. 즉, 고객이 음료수 자동판매기의 음료수를 선택하기 이전에 대기 상태를 유지한다는 것이다.
② 음료수 자동판매기의 이용 요구가 있는지 확인한다.
③ 음료수 자동판매기의 이용 요구가 있을 경우 다음 내용을 처리한다.
④ 고객이 선택한 음료수 종류를 확인한다.
⑤ 음료수가 판매되었는가를 확인한다.
⑥ 고객이 선택한 음료수가 판매되었다면 다음 내용을 처리한다.
⑦ 선택 음료수 판매량을 증가시킨다.
⑧ 전체 음료수 판매량을 증가시킨다.
⑨ 대기 상태를 유지한다. 즉, 음료수 판매량을 갱신한 후에는 다시 대시 상태로 돌아간다는 것이다.

3 순서도로 표현하기

음료수 판매량을 계산하는 내용을 순서도로 표현하면 다음과 같다.

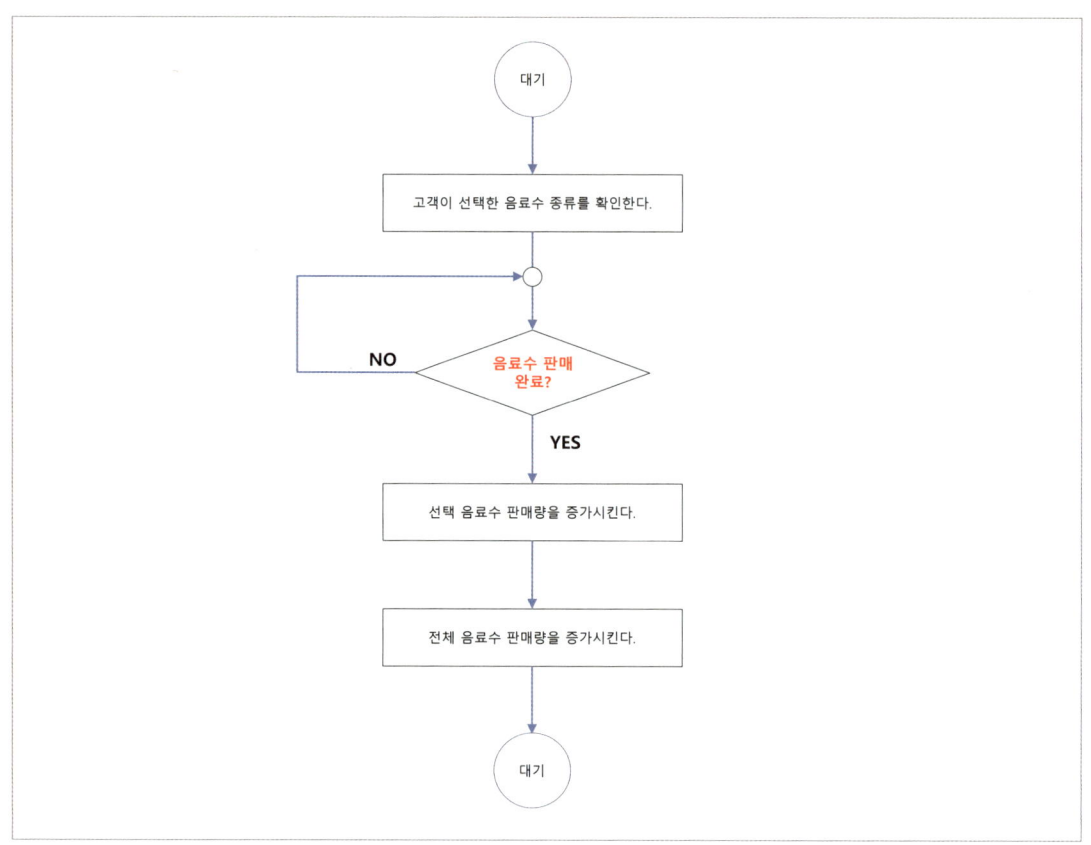

순서도 50 음료수 자동판매기의 판매량 관리 SW 프로그램

[순서도 50]과 이전 순서도들과의 차이점은 무엇인가?
이전의 순서도들에서는 '시작'과 '끝'을 표시하는 다이어그램이 있었으나, [순서도 50]에서는 '대기' 상태를 표시하는 다이어그램으로 교체되었다.

창의적으로 생각해봅시다!

(1) [순서도 50]의 명령어 중 "전체 음료수 판매량을 증가시킨다."는 음료수 판매가 이루어질 때마다 시행할 필요가 있는 명령어인가?
(2) 아니면 정해진 시간에 맞추어 일시에 한 번만 시행해도 되는 명령어인가?
(3) 음료수 판매가 될 때마다 작업을 진행하는 방법은 실시간 처리(real-time processing)라 하고, 작업할 내용을 일정 시간 단위로 모아서 일시에 진행하는 방법을 일괄처리(batch processing)라 한다.
(4) 음료수 판매가 될 때마다 통계 값을 계산하는 방법과 정해진 시간에 맞추어 일시에 시행하는 방법 간의 중요한 차이점은 무엇인가?
(5) 두 가지 방법 중 어떤 방법이 더 효과적인가? 예를 들면, 하루의 음료수 판매량을 합산하는 시간에 음료수 종류별로 판매된 판매량을 합산하는 방법과 매번 음료수가 판매될 때마다 계산하는 방법 중 어느 방법이 좋은가?
(6) 여러 가지 고려 사항들을 고민한 후에, 자신만의 생각을 창의적으로 정리해봅시다.

4 음료수 판매량을 저장하는 변수를 정의하자

[순서도 50]의 내용을 [순서도 49]에 포함시키자.
[순서도 50]의 내용은 [순서도 49]에 포함시킬 수 있다. 음료수가 판매될 때마다 해당 음료수의 판매량을 하나씩 증가시키면 된다. 그렇다면 이를 위하여 가장 먼저 해야 할 일은 무엇인가? 그것은 음료수 판매량에 대한 변수를 정의하는 것이다. '음료수 판매량'의 변수는 무엇으로 정의하면 좋을까?

음료수 자동판매기에서 판매할 수 있는 음료수 종류는 최대 20개라고 가정하였으며, 음료수 판매량은 음료수의 종류별로 구분할 수 있어야 한다. 이를 만족하는 '음료수 판매량'의 변수는 다음과 같이 정의할 수 있다.

$$sales(n)$$
n = 1 ~ 20(음료수 종류의 수)

5 sales(n) 변수는 어떤 한계점이 있는가?

'sales(n)' 변수는 한 대의 음료수 자동판매기에서 판매되는 음료수별 판매량을 저장하는 변수다. 그렇다면 여러 대의 음료수 자동판매기에서 판매되는 음료수별 판매량을 확인하기 위해서는 무엇을 해야 하는가? 이를 해결하기 위해서는 음료수가 판매된 자동판매기가 어떤 기계인가를 확인하는 정보가 필요하다. 여기에서 "어떤 기계(자동판매기)인가?"란 다음과 같이 여러 가지 의미가 있다.

① 첫째는 '어느 지역'의 음료수 자동판매기인가를 알 수 있어야 한다.
② 둘째는 특정 지역에 여러 대의 음료수 자동판매기가 설치될 수 있다는 것이다. 그렇다면 특정 지역에 설치된 음료수 자동판매기 중 어느 것인가를 확인할 수 있어야 한다.

6 sales(n) 변수의 한계점을 보완하자

이와 같은 두 가지 조건을 만족하는 변수 정의는 어떻게 해야 하는가? 우선 지역을 나타낼 수 있는 내용이 추가되어야 한다. 일반적으로 지역을 나타내는 정보는 다음과 같이 두 가지 방법으로 표현할 수 있다.

① 첫째는 지역의 전체 이름이나 약어를 문자로 표시할 수 있다. 예를 들어, 서울의 경우는 'SEOUL' 또는 'SEL'로 표현하고, 인천의 경우에는 'INCHEON' 또는 'ICN'으로 표현하는 것이다. 이때, 약어를 사용할 경우에는 문자의 개수는 통일하는 것이 일반적인 방법이다.
② 둘째는 수의 조합을 활용하여 '숫자 코드'로 표현하는 것이다. 이 경우에는 표현하고자 하는 지역의 개수에 따라 숫자 코드의 자리가 결정된다. 예를 들어, 표현해야 하는 지역이 10개 미만일 경우에는 '한 자리 숫자 코드'로 충분하고, 100개 미만일 경우에는 '두 자리 숫자 코드'가 필요한 것이다. 즉, 0부터 9까지 숫자로 최대 10개의 경우를 표현할 수 있고, 00부터 99까지의 숫자로는 최대 100개의 경우를 표현할 수 있다.

창의적으로 생각해봅시다!

(1) 음료수 자동판매기를 식별하는 방법은 다양하다. 가장 단순한 방법은 '일련번호(serial number)'를 부여하는 것이다. 이와 같은 일련번호 부여 방식에서는 음료수 자동판매기의 설치 순서가 번호 부여의 기준이 될 수 있다.
(2) 또 다른 일련번호 부여 방식 중 대표적인 것은 '이동 경로(routing path)'에 따라 부여하는 것이다. 예를 들면 작업자가 해당 작업을 위하여 음료수 자동판매기를 방문하기 위하여 이동하는 경로에 따라 자동판매기에 도착하는 순서가 있을 것이고, 이를 기반으로 일련번호를 부여하는 것이다.
(3) 만약 설치 순서를 기준으로 일련번호를 부여하였다면, 식별자가 가지고 있는 정보는 '설치 순서' 이외에는 아무런 정보가 없다.
(4) 사실 SW 코딩을 위해서는 식별자가 가지고 있는 정보가 여러 개일 경우 편리한 것이 사실이다. 그렇기 때문에 SW 코딩 설계자들은 식별자를 정의할 때 여러 개의 정보를 체계적으로 포함할 수 있도록 고민을 한다.
(5) 그러나 무조건 모든 식별자가 많은 정보를 포함해야만 좋은 것은 아니다. 그렇다면 어떤 경우에는 식별자가 단순한 정보만을 포함하는 것이 좋고, 어떤 경우에는 여러 가지 정보를 포함하고 있는 것이 좋을까?
(6) 다양한 각도에서 장단점을 분석하여 자신만의 생각을 정리해봅시다.

창의적으로 생각해봅시다!

(1) 지역을 표현할 수 있는 두 가지 방법은 문자와 숫자 코드를 이용하는 것으로 구분할 수 있다.
(2) 이와 같은 두 가지 방법 중 나머지 방법보다 우수한 것은 어떤 것인가?
(3) 다양한 관점에서 두 가지 방법에 대한 장단점을 분석해봅시다.
(4) 음료수 자동판매기가 설치된 지역을 확인하기 위한 방법으로는 어떤 것이 더 좋은가? 여러분이라면 어떤 방법을 사용할 것인가? 여러 가지 고려 사항들을 고민한 후에, 자신만의 생각을 창의적으로 정리해봅시다.

특정 지역에 여러 대의 음료수 자동판매기가 설치될 경우 확인할 수 있는 방법은 무엇인가? 이것 역시 다음과 같은 두 가지 방법이 있을 수 있다.

① 첫째, 특정 지역이 매우 넓을 경우에는 세부적인 지역 정보를 결정해야 한다. 예를 들면, '서울'과 같이 대도시를 지역으로 구분할 경우에는 '구' 단위로 세부 지역을 정의할 수 있으며, '구' 지역을 '동' 단위로 또 다시 세분하여 정의할 수도 있다.
② 둘째, 특정 지역이 넓지 않을 경우에는 수의 조합으로 표현할 수 있으며, 지역을 구분할 때 사용하였던 방법을 적용할 수 있다. 예를 들어, 지역 내에 설치한 음료수 자동판매기의 대

수가 10개 미만일 경우에는 '한 자리 숫자 코드'로 충분하고, 100대 미만일 경우에는 '두 자리 숫자 코드'가 필요한 것이다.

7 서울의 어느 '동'에 설치된 특정 음료수 자동판매기의 판매량 변수를 정의하자

이상과 같은 방법을 적용하여 서울특별시 지역의 음료수 자동판매기에서 판매된 '음료수 판매량'을 저장하는 변수를 정의해보자. 이를 위하여 다음과 같은 전략을 적용한다.

① 첫째, 도시를 구분하는 방법은 도시의 '약어'를 사용한다. 결과적으로 '서울'의 약어인 'SEL'을 사용한다.
② 둘째, '서울'은 대도시이기 때문에 '구' 단위로 세분화하는 정보를 정의한다. 이때 '서울' 지역은 '25'개의 '구'로 세분됨으로 '두 자리 숫자 코드'를 사용한다. 예를 들면, '01'은 '종로구', '02'는 '중구', '03'은 '용산구' 등으로 정의한다.
③ 셋째, 서울의 '구'는 '동'으로 구분되며, '구'에 포함되는 '동'의 수가 '99'개를 넘는 사례는 없기 때문에 '두 자리 숫자'로 표현한다.
④ 넷째, 서울의 '동' 내에 설치된 음료수 자동판매기는 최대 '999'대를 넘을 수 없다고 가정한다. 결과적으로 '서울의 특정 동에 설치된 음료수 자동판매기'는 '세 자리 숫자'로 표현한다.

이상의 내용을 반영한 '서울특별시 지역의 판매량' 변수 선언 예 중에서 '서울시 종로구 가회동의 첫 번째 음료수 자동판매기의 'n'번 음료수 판매량'을 저장하는 변수와 그 의미는 다음과 같다.

SEL-01-01-001-sales(n)
SEL = SEOUL(도시 이름)
01 = 종로구(도시의 '구'를 정의한 코드)
01 = 가회동('구'에 속한 '동'을 정의한 코드)
001 = 첫 번째 음료수 자동판매기('동'에 설치된 음료수 자동판매기를 정의한 코드)
n = 1 ~ 20(음료수 종류의 수)

'서울 광진구 구의3동의 51번째 음료수 자동판매기의 'n'번 음료수 판매량'을 저장하는 변수는 다음과 같이 정의할 수 있다.

> SEL-05-18-051-sales(n)
> SEL = SEOUL(도시 이름)
> 05 = 광진구(도시의 '구'를 정의한 코드)
> 18 = 구의3동('구'에 속한 '동'을 정의한 코드)
> 051 = 51 번째 음료수 자동판매기('동'에 설치된 음료수 자동판매기를 정의한 코드)
> n = 1 ~ 20(음료수 종류의 수)

'서울 강남구 개포동의 11번째 음료수 자동판매기의 'n'번 음료수 판매량'을 저장하는 변수는 다음과 같이 정의할 수 있다.

> SEL-23-02-011-sales(n)
> SEL = SEOUL(도시 이름)
> 23 = 강남구(도시의 '구'를 정의한 코드)
> 02 = 개포동('구'에 속한 '동'을 정의한 코드)
> 011 = 11 번째 음료수 자동판매기('동'에 설치된 음료수 자동판매기를 정의한 코드)
> n = 1 ~ 20(음료수 종류의 수)

이와 같은 명명 규칙은 행정구역(administrative district, 行政區域)에 근거한 것이다. 일반적으로 행정구역은 계층구조(hierarchical structure)로 구성되며, 서울시의 사례를 제시한 것이 [그림 16]이다.

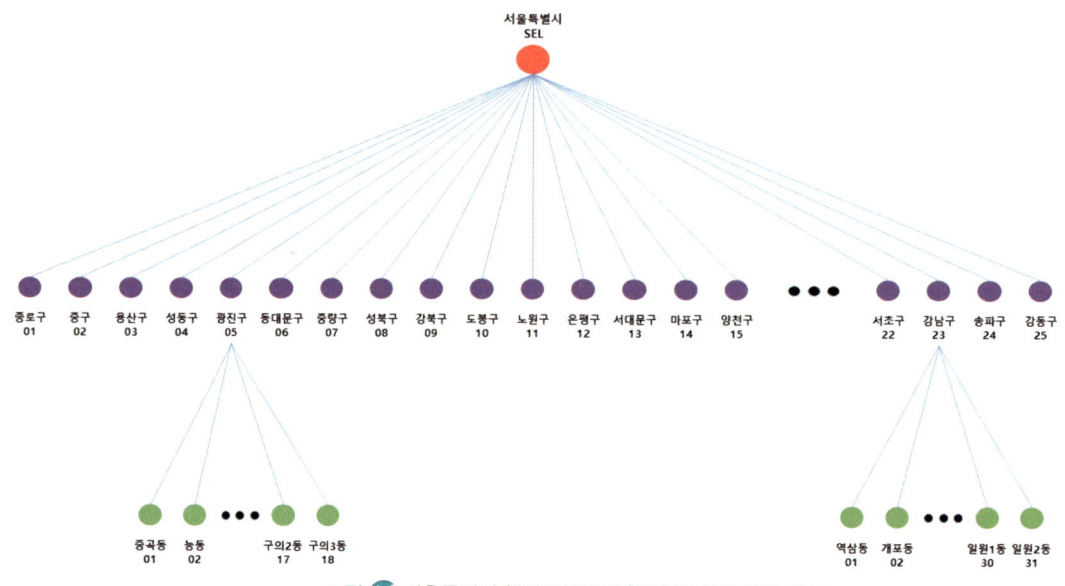

그림 16 서울특별시 행정구역의 계층구조에 따른 명명 규칙

'SEL-23-02-011-sales(n)'은 '서울 강남구 개포동의 11번째 음료수 자동판매기의 'n'번 음료수 판매량'을 저장하는 변수이다. 예를 들면, 'n'번째 음료수가 '코카콜라'일 경우 'SEL-23-02-011-sales(n)'은 '서울 강남구 개포동의 11번째 자동판매기의 코카콜라 판매량'을 저장하는 변수인 것이다.

그렇다면, '서울 강남구 개포동의 11번째 음료수 자동판매기의 전체 음료수 판매량'을 저장하는 변수는 무엇일까? 'SEL-23-02-011-sales(n)' 변수에서 'n'번째 음료수를 가리키는 'n'을 제거하며, 결과적으로, 'SEL-23-02-011-sales'이다.

8 서울의 어느 '동'에 설치된 전체 음료수 자동판매기의 판매량 변수를 정의하자

지금부터는 판매량 변수의 수준을 한 단계씩 높여보자. 예를 들면, 자동판매기 한 대씩의 판매량을 확인하는 변수가 아니라, 특정 '동'에 설치된 모든 자동판매기의 판매량을 확인하는 것이다. 방법은 무엇인가? 'SEL-23-02-011-sales(n)'에서 자동판매기의 식별자(identifier)인 '011'을 제거하면 된다. 변수 명명 규칙을 체계적으로 정의하였기 때문에 의외로 간단하게 해결할 수 있는 것이다.

'서울 강남구 개포동에 설치된 모든 음료수 자동판매기의 'n'번 음료수 판매량'을 저장하는 변수는 다음과 같이 정의할 수 있다.

> SEL-23-02-sales(n)
> SEL = SEOUL(도시 이름)
> 23 = 강남구(도시의 '구'를 정의한 코드)
> 02 = 개포동('구'에 속한 '동'을 정의한 코드)
> n = 1 ~ 20(음료수 종류의 수)

'서울 강남구 개포동에 설치된 모든 음료수 자동판매기의 전체 음료수 판매량'을 저장하는 변수는 특정 음료수를 가리키는 'n'을 제거하면 되며, 다음과 같이 정의할 수 있다.

> SEL-23-02-sales
> SEL = SEOUL(도시 이름)
> 23 = 강남구(도시의 '구'를 정의한 코드)
> 02 = 개포동('구'에 속한 '동'을 정의한 코드)

9 서울의 어느 '구'에 설치된 전체 음료수 자동판매기의 판매량 변수를 정의하자

이상과 같은 방법으로 계속해서 상위 단계의 변수를 정의할 수 있다. 행정구역상으로 '동'이 모이면 '구'가 된다. 예를 들면, 특정 '구'에 설치된 모든 자동판매기의 판매량을 확인하는 것이다. 방법은 무엇인가? 'SEL-23-02-sales(n)'에서 특정 '동'의 식별자인 '02'를 제거하면 된다.

'서울 강남구에 설치된 모든 음료수 자동판매기의 'n'번 음료수 판매량'을 저장하는 변수는 다음과 같이 정의할 수 있다.

> SEL-23-sales(n)
> SEL = SEOUL(도시 이름)
> 23 = 강남구(도시의 '구'를 정의한 코드)
> n = 1 ~ 20(음료수 종류의 수)

'서울 강남구에 설치된 모든 음료수 자동판매기의 전체 음료수 판매량'을 저장하는 변수는 다음과 같이 정의할 수 있다.

> SEL-23-sales
> SEL = SEOUL(도시 이름)
> 23 = 강남구(도시의 '구'를 정의한 코드)

10 서울에 설치된 전체 음료수 자동판매기의 판매량 변수를 정의하자

최종적으로 '서울' 지역의 모든 자동판매기의 판매량을 확인하는 것도 간단한 수정만으로 변수 정의가 가능하다. 방법은 무엇인가? 'SEL-23-sales(n)'에서 특정 '구'의 식별자인 '23'을 제거하면 된다.

'서울 음료수 자동판매기의 'n'번 음료수 판매량'을 저장하는 변수는 다음과 같이 정의할 수 있다.

> SEL-sales(n)
> SEL = SEOUL(도시 이름)
> n = 1 ~ 20(음료수 종류의 수)

'서울 음료수 자동판매기의 모든 음료수 판매량'을 저장하는 변수는 다음과 같이 정의할 수 있다.

> SEL-sales
> SEL = SEOUL(도시 이름)

11 전국에 설치된 전체 음료수 자동판매기의 판매량 변수를 정의하자

'전국에 설치된 모든 음료수 자동판매기의 'n'번 음료수 판매량'을 저장하는 변수는 다음과 같이 정의할 수 있다.

> salesTotal(n)
> n = 1 ~ 20(음료수 종류의 수)

'전국에 설치된 모든 음료수 자동판매기의 전체 음료수 판매량'을 저장하는 변수는 다음과 같이 정의할 수 있다.

> salesTotal

창의적으로 생각해봅시다!

(1) 음료수 자동판매기를 여러 국가에 설치하여 운영 중인 회사가 있다고 가정하자.
(2) 이러한 경우에도 지금까지 설명한 변수 명명 규칙을 적용할 경우 단순하고 이해하기 쉽게 변수를 정의할 수 있다.
(3) 여러분 자신이 전 세계에 음료수 자동판매기를 설치하여 운영 중인 사업자라고 가정하고, 이 경우에 어떻게 판매량 변수를 정의할 것인가를 창의적으로 정리해봅시다.

> **창의적으로 생각해봅시다!**
>
> (1) 지금까지 설명한 판매량 변수의 명명 규칙은 다양한 분야의 변수 정의에 적용이 가능하다.
> (2) 예를 들면, 전국에 위치한 편의점에서 발생하는 판매량 데이터를 저장하는 변수를 정의할 때에도 이용할 수 있을 것이다.
> (3) SW 개발자 입장에서 이와 같은 변수 명명 규칙을 적용할 수 있는 사례들을 찾아서 창의적으로 정리해봅시다.

> **창의적으로 생각해봅시다!**
>
> (1) 음료수 자동판매기에서 판매되는 음료수 판매량을 시간 단위로 관리할 수 있는 방법은 없을까?
> (2) 시간 단위의 관리를 위하여 컴퓨터 과학(Computer science)에서 사용하는 방법이 타임스탬프(time stamp) 방법이다. 시간마다 스탬프를 찍어준다는 것이다.
> (3) 판매량 변수는 시간이 지날수록 값이 증가하게 된다. 결과적으로 시간이 지나갈수록 또는 음료수 판매량이 늘어날수록 변수에 저장된 값은 기하급수적으로 증가할 수도 있다는 것이다.
> (4) 이러한 문제점에 대처하기 위하여 일정 시간 단위로 판매량 변수 값을 초기화 시켜 주어야 한다.
> (5) 이와 같은 상황에서 판매량 값을 생성할 때, 타임스탬프 방식을 적용할 수 있을까?
> (6) 타임스탬프 방식을 사용할 경우 고려사항은 무엇이 있는가? 타임스탬프 방식을 사용하는 것이 필요하지 않다면 그 이유는 무엇인가? 다양한 관점에서 생각해보고 그 내용을 창의적으로 정리해봅시다.

11 동서양의 명명 규칙

지금까지 설명한 변수 명명 규칙은 계층구조(hierarchical structure)에 기반한 것이며, 계층 구조가 가지는 장점은 지금까지 설명한 내용으로 확인이 가능하다. 이와 같은 계층구조는 다양한 영역에서 적용하고 있으며, 그 중 대표적인 적용 사례가 실세계 주소 체계(address system)다.

그런데 지금까지 설명한 변수 명명 규칙은 동양의 주소 체계를 기반으로 적용한 것이다. 동양과 서양의 주소 체계는 정반대의 규칙을 가지고 있다. 대한민국과 미국의 대학 캠퍼스 주소를 예로 들면 다음과 같다.

> 13910
> 경기도 안양시 만안구 삼막로 155

주소 ❶ 대한민국 경인교육대학교 경기캠퍼스의 주소

> 405 Hilgard Avenue LA, CA
> 90095

주소 ❷ 미국 UCLA의 주소

두 종류의 주소에서 확인할 수 있듯이 동양의 주소는 큰 것부터 시작하여 작은 것으로 작성하도록 되었으며, 서양의 주소는 작은 것부터 시작하여 큰 것으로 작성하도록 되어있다. 완전히 반대의 구조를 가지고 있다.

> **창의적으로 생각해봅시다!**
>
> (1) 동서양의 주소 체계가 이와 같이 정반대의 구조를 가지게 된 이유는 무엇일까?
> (2) 주소 체계와 같이 동양과 서양에 따라 정반대의 구조를 가지는 사례는 무엇이 또 있을까?
> (3) SW 개발자 입장에서 동서양의 주소(변수) 명명 규칙은 어느 것이 더 효율적일까?
> (4) 다양한 관점에서 둘 사이의 차이점을 찾아서 창의적으로 정리해봅시다.

12 작명이 핵심이다[30]

정보통신 기기를 활용하면서 우리가 그 중요성을 간과하고 있는 것 중 하나가 데이터 특히 파일의 이름을 작명(명명, naming)하는 것이다. 이름(name)은 개체(entity) 또는 객체(object)

---

30) "이재호(2014). 생활 속 ICT의 발견. 도서출판정일." 의 162쪽부터 165쪽의 내용을 보완하였음.

의 내용이나 특성을 가장 잘 나타내는 도구이기 때문이다.

사람도 이름이 좋아야 성공한다고 하지 않는가?
새로운 생명이 태어나면 아이에게 좋은 이름을 지어주기 위하여 작명소를 찾는다. 각종 이치를 고려하여 그 아이에게 가장 좋은 이름을 결정한다. 새로운 기업이 설립되거나 신제품이 출시되는 경우에도 기업명이나 제품명 결정에 심사숙고를 하게 된다.

데이터나 파일도 마찬가지 이다. 이름이 중요한 것이다. 그 이유를 알아보자.
여러분들 중에는 아마도 필요한 데이터나 파일을 찾기 위해서 엄청난 고생을 한 경험이 있을 것이다. 이유는 무엇인가? 데이터나 파일 이름을 명명할 때 신경을 쓰지 않은 것이 화근이었을 것이다. 필요한 데이터나 파일을 적시에 찾아 활용하는 것은 업무의 효율성 및 경쟁력 측면에서 매우 중요하다.

파일 이름 명명하기 과제의 사례

필자의 경우 대학생들을 대상으로 수업 후 과제를 파일로 제출하도록 지시하는 경우가 있다. 물론, 이 경우 학생들은 내가 지정한 파일 명명 규칙에 따라 과제 파일의 이름을 명명해야 한다. 예를 들면, '학번-이름'이 파일 명명 규칙 중 하나다. 즉 학생들은 '자신의 학번-자신의 이름'으로 파일 이름을 지정해야 한다. 이 때 파일 이름은 내 수업을 수강하는 학생들 중 "누가 과제를 제출했는가?"를 확인할 수 있는 중요한 척도이며 도구인 것이다.

정해진 기한 내에 학생들이 제출한 파일들을 과제 폴더(folder)에 저장하면, 학생들의 과제 파일들은 '학번 순'으로 정렬(sorting)되어, 손쉽게 과제제출 여부를 확인할 수 있으며, 학번 순으로 내용을 확인함으로써 채점 과정도 용이하게 된다.

그러나 학기 초에 과제를 제출하는 학생들 중에는 내가 제시한 명명 규칙을 이해하지 못하는 경우가 있다. '자신의 학번-자신의 이름'이라는 명명 규칙을 무시하고, 누가 제출했는지 도무지 이해할 수 없는 파일 이름을 지정하여 제출하는 경우가 종종 있다. 학생들이 제출한 파일 이름 중에는 예를 들면, '과제', '애니메이션 제작 계획서', 심지어는 '학번-이름'을 그대로 사용한 경우도 있다. 만약 모든 학생들이 이와 같은 형식으로 파일 이름을 지정하여 제출한다면, 수십 명의 학생들 과제 파일을 취합하여 채점해야 하는 나는 어찌해야 하는가?

이와 같이 데이터 또는 파일에 대한 이름을 상황에 맞게 잘 지정하는 것은 자신의 업무 효율성을 높이는 것임과 동시에 SW기반 사회에서의 예의인 것이다.

이상과 같은 이유로 인하여 데이터 또는 파일 등의 명명 규칙에 대한 교육은 어린 학생들에게 철저히 시행하는 것이 중요하다. 어릴 적 습관이 평생가기 때문이다.

명명 규칙 교육의 중요성

명명 규칙은 데이터나 파일들에게만 적용되는 것은 아니다. 가장 기본적인 단위인 속성(attribute)부터 폴더(folder) 및 디렉토리(directory)까지 적용될 수 있다. 특히 폴더의 경우 관련되는 파일들을 하나의 폴더 내에 모아서 저장할 수 있으며, 경우에 따라서는 상위(super) 또는 하위(sub) 폴더 형식으로 위계(hierarchy)적인 구조를 형성할 수 있기 때문에 매우 중요하다.

옛날에는 책상 및 책장의 정리정돈 상태를 보면 그 학생의 경쟁력을 확인할 수 있었으나, 지금과 같이 데이터와 정보가 폭발적으로 생성 및 가공되는 시대에는, 자신이 보유하고 있는 데이터와 정보를 체계적으로 관리(정리 정돈)하는 학생들의 경쟁력이 높다고 할 수 있다.

일반적으로 사람들은 정보의 창출에는 많은 관심을 가지고 신경을 쓰나, 정보의 관리에는 무관심한 경우가 많이 있다. 정보 관리의 첫 걸음은 '규칙적이고 체계적인 명명' 인 것이다.

창의적으로 생각해봅시다!

(1) 여러분은 자신만의 명명 규칙 또는 전략이 있는가?
(2) 자신만의 명명 규칙이나 전략이 있다면, 어떤 측면에서 자신만의 명명 규칙을 사용하고 있나요? 우수한 점이 있어서? 창의적이기 때문에? 남들이 알아볼 수 없도록? 남들도 잘 이해할 수 있도록? 여러 가지 측면에서 이유를 정리해봅시다.
(3) 만약 자신만의 명명 규칙이나 전략이 없을 경우에는 창의적인 규칙이나 전략을 생각해보고 정리해봅시다.

13 [순서도 49]의 내용에 '판매량 관리 모듈'을 표현해봅시다

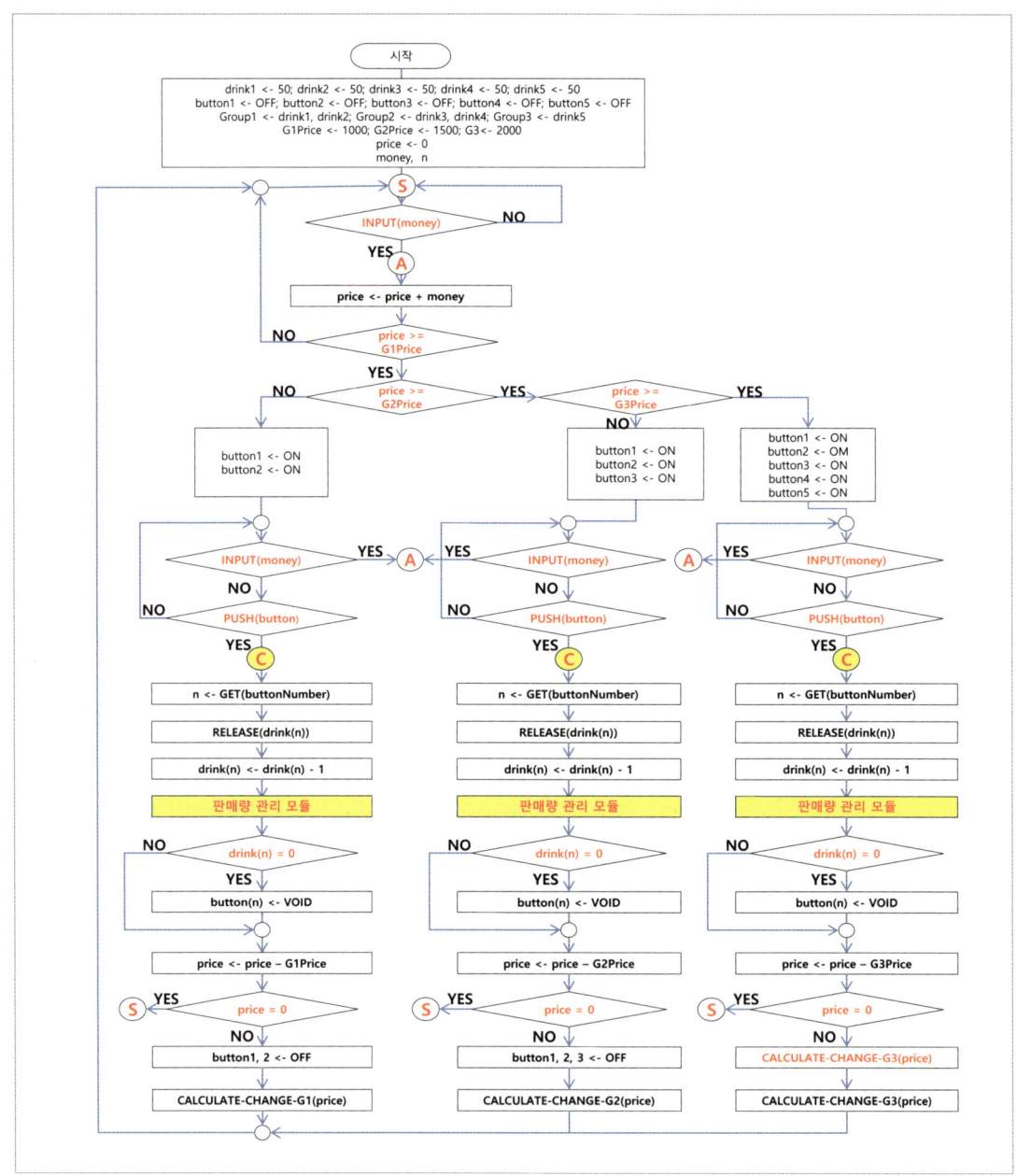

순서도 51 네트워킹이 고려된 음료수 자동판매기의 재고관리 SW 프로그램(1)

SW 코딩 테스트 **23**

단순한 자동판매기의 재고관리 SW 프로그램 만들기(2)

진정한 의미에서 음료수 자동판매기의 재고관리가 이루어지기 위해서는 무엇이 필요한가? 한 대의 음료수 자동판매기에서 음료수 판매량에 대한 통계 값을 계산한다고 재고관리가 이루어지는가? 물론 그렇지 않다. 이러한 경우에는 음료수 자동판매기 한 대의 통계 값만이 존재하는 것이다. 관리하고자 하는 여러 대의 자동판매기에서 생성되는 통계 값을 종합적으로 관리해야만 진정한 재고관리 SW 프로그램의 위력을 발휘할 수 있다. 이를 위해서는 여러 대의 음료수 자동판매기가 네트워크로 연결되어야 한다. 즉, 네트워킹되어야 한다는 것이다. 지금부터 내용을 확인해 봅시다.

1 SW 코딩을 위한 힌트

모든 음료수 자동판매기의 재고관리를 위한 방법은 무엇인가? 이를 위한 선행 조건은 여기저기 떨어져있는 음료수 자동판매기에서 판매되는 음료수 판매량을 확인할 수 있어야 한다는 것이다. 지역적으로 떨어져 있는 여러 대의 자동판매기에서 판매된 음료수 판매량을 확인한다는 것은 무엇을 의미하는 것인가?

SW 프로그램을 활용한 확인 방법은 여러 가지가 있을 수 있다. 가장 원시적인 방법은 각각의 음료수 자동판매기가 독립적으로 SW 프로그램을 실행하여 판매량을 확인하는 것이다. 전체적인 음료수 판매량을 확인하기 위해서는 각 음료수 자동판매기의 판매량 변수를 오프라인(off-line) 상태로 취합하여 합산하는 수고를 해야 한다.

이러한 수고를 하지 않는 방법은 무엇인가? 모든 음료수 자동판매기가 네트워킹(networking)되어 판매량 변수의 값을 온라인(on-line) 상태로 취합하여 합산하는 것이다.

2 네트워킹의 조건은 무엇인가?

음료수 자동판매기가 네트워킹되기 위해서는 다음과 같은 조건이 필요하다.

첫째, 네트워킹되는 모든 음료수 자동판매기에는 통신 장비가 설치되어야 한다.
둘째, 음료수 자동판매기의 통신 장비는 통신 회선으로 연결되어야 한다, 통신 회선은 유선 통신 회선과 무선 통신 회선으로 구분된다.
셋째, 네트워킹된 모든 음료수 자동판매기를 관리하기 위한 서버 컴퓨터(server computer)가 설치되고 운영되어야 한다.
넷째, 서버 컴퓨터는 네트워킹된 모든 음료수 자동판매기의 판매량 변수를 합산하고 분석하는 업무를 수행하고, 이를 통하여 음료수 재고를 관리한다.

3 음료수 자동판매기의 재고관리를 위한 네트워킹이 고려된 가정

모든 음료수 자동판매기의 재고관리 SW 프로그램을 개발하기 위하여 【SW 코딩 테스트 22】에서 정의한 가정을 개선해야 한다. 음료수 자동판매기와 중앙 서버 컴퓨터와의 네트워킹이 반영된 가정을 정의하면 다음과 같다.

첫째, 음료수 자동판매기는 20종류의 음료수를 판매할 수 있는 공간이 있다.
둘째, 음료수 자동판매기의 음료수 저장 칸에는 50개의 음료수를 저장할 수 있다.
셋째, 매일 음료수 판매량에 대한 통계 값을 작성한다.
넷째, 음료수 자동판매기에서 특정 음료수가 다 팔리면, 해당 음료수 버튼에 'SOLD OUT' 램프를 켠다.
다섯째, 모든 음료수 자동판매기는 네트워크에 연결되어 있다.
여섯째, 모든 음료수 자동판매기에서 계산된 통계 값은 재고관리를 담당하는 네트워크의 중앙 서버 컴퓨터에 전송된다.
일곱째, 개별적인 음료수 자동판매기는 자신만의 통계 값을 계산하는 SW 프로그램이 설치되어 운영된다.
여덟째, 모든 음료수 자동판매기의 재고관리를 담당하는 SW 프로그램은 중앙의 서버 컴퓨터에 설치되어 운영된다.

4 자연어로 표현하기

음료수 자동판매기의 재고관리를 위한 네트워킹이 고려된 내용을 자연어로 표현하면 다음과 같다.

① 대기(Standby) 상태를 유지한다. 즉, 고객이 음료수 자동판매기의 음료수를 선택하기 이전에 대기 상태를 유지한다는 것이다.
② 음료수 자동판매기의 이용 요구가 있는지 확인한다.
③ 음료수 자동판매기의 이용 요구가 있을 경우 다음 내용을 처리한다.
④ 고객이 선택한 음료수 종류를 확인한다.
⑤ 음료수가 판매되었는가를 확인한다.
⑥ 고객이 선택한 음료수가 판매되었다면 다음 내용을 처리한다.
⑦ 선택 음료수 판매량을 증가시킨다.
⑧ 전체 음료수 판매량을 증가시킨다.
⑨ 음료수 자동판매기에서 계산한 내용(선택 음료 판매량, 전체 음료 판매량)을 중앙의 서버로 전송한다.
⑩ 대기 상태를 유지한다. 즉, 음료수 판매량을 갱신한 후에는 다시 대시 상태로 돌아간다는 것이다.

자연어 표현 ❷ 자연어를 이용한 음료수 자동판매기 활용 프로그램(2)

5 순서도로 표현하기

네트워킹이 고려된 음료수 자동판매기의 재고관리 내용을 순서도로 표현하면 다음과 같다.

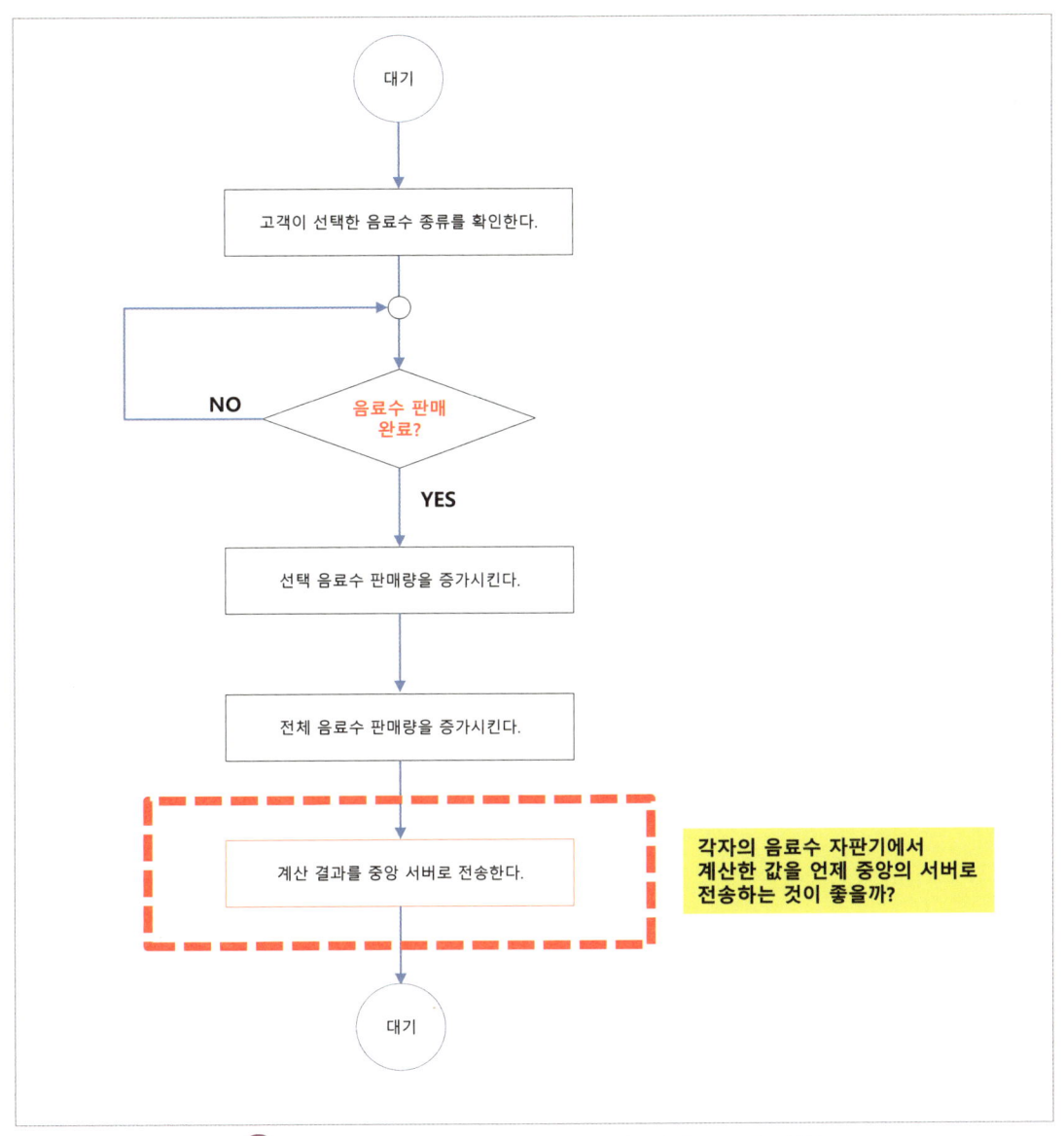

순서도 52 네트워킹이 고려된 음료수 자동판매기의 재고관리 SW 프로그램(1)

창의적으로 생각해봅시다!

(1) 우리 생활 주변에서 네트워킹의 사례는 쉽게 찾아볼 수 있다.

(2) [순서도 51]에 포함된 '판매량 관리 모듈'의 동작 내용을 정리해봅시다.

(3) [순서도 52]에 표시한 "계산 결과를 중앙 서버로 전송한다."는 명령은 언제 시행하는 것이 좋은가? 판매량 계산이 완료될 때마다 전송하는 것이 좋은가? 아니면 정해진 시간에 계산 결과를 일시에 발송하는 것이 좋은가? 그것도 아니면 상황에 따라 전략을 바꾸어 가면서 전송하는 것이 좋은가? 다양한 상황을 가정하여 장단점을 분석한 후에 창의적으로 정리해봅시다.

SW 코딩 테스트 **24**

단순한 자동판매기의 재고관리 SW 프로그램 만들기(3)

각자의 음료수 자동판매기에서 계산된 음료수 판매량 변수의 값을 중앙의 서버 컴퓨터로 전송한다는 것은 무엇을 의미하는가? 전체적인 재고관리를 중앙의 서버 컴퓨터에서 담당하면, 개별적인 음료수 자동판매기는 무엇을 하는 것인가? 개별적인 음료수 자동판매기가 계산한 결과는 언제 중앙의 서버 컴퓨터로 전송하는 것이 좋은가? 생각해볼 것들이 많이 있다. 지금부터 내용을 확인해 봅시다.

1 클라이언트-서버 컴퓨팅이란 무엇인가?

지금은 네트워킹(networking)의 시대다. 모든 정보기기(information device, digital device) 또는 스마트 디바이스(smart device)가 네트워크로 연결된 세상이다.

이와 같은 네트워킹의 시대에 모든 디바이스는 클라이언트(Client)가 될 수 있으며, 경우에 따라서는 서버(Server)가 될 수도 있다. 상황에 따라 역할이 달라진다.

그렇다면 클라이언트 컴퓨터는 무엇이고 서버 컴퓨터는 무엇인가?

네트워크로 연결된 컴퓨터들을 관리하는 컴퓨터가 필요하고, 이 경우에 이러한 컴퓨터는 서버 컴퓨터라 한다. 말 그대로 서버 컴퓨터는 서비스를 제공하는 컴퓨터인 것이다. 이와는 반대로 대부분의 컴퓨터들은 서버 컴퓨터에게 서비스를 요청하는 입장이다. 이와 같이 서버 컴퓨터에게 서비스를 요청하는 컴퓨터는 클라이언트 컴퓨터가 된다.

결과적으로 '클라이언트-서버 컴퓨팅(Client-Server Computing)'이란 클라이언트 컴퓨터가 요청하면 서버 컴퓨터가 처리해주는 컴퓨팅 방식을 의미한다.

창의적으로 생각해봅시다!

(1) 일반적인 사용자가 자신의 컴퓨터를 이용하여 통신에 참여할 경우에는 클라이언트의 역할을 하게 된다. 즉, 특정 서버 컴퓨터에게 서비스를 요청하게 되는 것이다. 예를 들면, 사용자들은 자신의 컴퓨터를 이용하여 호텔 예약을 대행하는 사이트의 서버 컴퓨터에 접속하여 원하는 날짜에 예약하는 서비스를 요청하기도 하고, 항공사 홈페이지에 접속하여 항공권 예약을 요청하기도 한다.

(2) 일상생활 속에서 고객들이 요청하는 다양한 유형의 서비스들을 찾아봅시다.

(3) 일상생활 속에서 고객들이 사용하는 다양한 유형의 서버 컴퓨터 사례들을 찾아봅시다.

(4) 상황에 따라서는 일반적인 사용자의 컴퓨터가 서버의 역할을 담당하는 경우도 있다. 예를 들면, 스마트폰 이용자가 자신의 스마트폰을 WiFi 서비스의 서버 컴퓨터 역할을 하도록 할 수도 있다.

(5) 클라이언트-서버 컴퓨팅 모델이 소개된 초창기에는 클라이언트 또는 서버 컴퓨터의 역할이 고정되어 있었으나, 최근에는 역할이 상황에 따라 변하게 되었다. 이와 같이 클라이언트-서버 컴퓨터의 역할이 고정되지 않고 변경 가능하게 된 것은 하드웨어 성능의 급격한 발전에 따른 것이다. 즉, 현재 주로 클라이언트 컴퓨터로 사용하는 고성능 스마트폰의 용량은 이전에 사용하였던 서버 컴퓨터의 용량을 뛰어 넘는 것이기 때문이다.

(6) 이와 같은 상황을 종합적으로 고려하여, 클라이언트-서버 컴퓨터의 역할이 고정되는 것과 변동 가능한 것의 사례들을 찾아봅시다.

2 송신자와 수신자

컴퓨터 통신의 경우 통신에 참여하는 컴퓨터들은 그 역할에 따라 송신자(sender)와 수신자(receiver)로 분류된다. 송신자는 말 그대로 통신을 통하여 '메시지(message)'를 전달하는 컴퓨터이고, 수신자는 송신자가 전송한 메시지를 전달받는 컴퓨터다.
컴퓨터 통신에서 송신자(또는 송신 컴퓨터)가 전달하는 내용을 '메시지'라 한다.
컴퓨터 통신을 통하여 송신자가 수신자에게 전달하는 내용은 상황에 따라 매우 다양할 수 있다. 예를 들어, 음성 전화의 경우에는 '음성(voice)'이 전달 내용이고, 영상 전화의 경우에는 '영상(video)'이 전달 내용이며, 단순한 e-mail은 '문자(text)'가 주요 전달 내용이다. 물론 경우에 따라서는 여러 가지 미디어가 혼합된 멀티미디어(multimedia)도 전달 내용이 될 수 있다.

3 통신은 약속이 생명이다

클라이언트와 서버 컴퓨터 간에 원활한 통신이 이루어지기 위해서는 두 컴퓨터 간에 잘 정의된 '약속'이 필요하다. 컴퓨터 간의 통신은 미리 정해진 약속대로 진행되는 것이다. 이러한 약속을 컴퓨터 전문용어(terminology)로는 '프로토콜(protocol)'이라고 한다. 원래 '프로토콜'은 국가 간 외교에서 사용되는 전문용어로서, 외교 절차에 대한 약속을 의미한다. 국가 간 외교상의 프로토콜 위반은 외교적인 결례로 이어질 수 있으며, 이로 인하여 전쟁까지 발생한 사례에서 확인할 수 있듯이, '프로토콜'은 약속의 중요성을 명시적으로 표현한 전문용어이다.

창의적으로 생각해봅시다!

(1) 컴퓨터 통신의 방식은 사람 간의 의사소통(communication) 방식과 유사하다.
(2) 사람 간의 의사소통에서도 묵시적인 약속이 존재한다. 가장 중요한 약속은 '예의를 지키는 것'이고, 예의를 지킨다는 것은 '대화의 순서'를 지키는 것이 기본이다.
(3) 대화의 순서를 지키지 않는 의사소통의 대표적인 사례는 '말싸움'이다.
(4) 품위 있는 의사소통은 컴퓨터 간의 통신에서도 적용된다. 그렇다면 컴퓨터 간에 품위 있는 의사소통을 위해서 '프로토콜'이 지켜야 하는 내용은 무엇인가? 다양한 측면에서 창의적으로 생각해봅시다.

4 동기식 통신 vs. 비동기 통신

통신을 시작하고 끝내는 방식에 따라 여러 가지 방식으로 구분할 수 있다. 그 중 가장 대표적인 방식을 정리하면 다음과 같다.

상대방의 상황을 고려할 것인가? 확인할 것인가? 아니면 무시할 것인가?
통신을 한다는 것은 비용이 들어간다는 것이다. 그렇다면 비용을 지불하면서도 필요한 통신을 할 것인가? 아니면 불필요한 통신을 피해가면서 비용 지불을 최소화할 것인가? 각각의 상황에 대하여 고민해보자.

첫 번째, 비용을 지불하면서도 필요한 통신을 하는 방법을 '동기식 통신(synchronous communication)'이라 한다. 이 방법의 핵심은 통신에 참여하는 컴퓨터들이 '동기(synchronization)'를 맞추는 것이다. 여기에서 '동기'란 통신을 할 준비가 되었는가를 확인하는 과정이다. 결과적으로 '동기화'란 "통신할 준비가 되었는가?"를 확인하고 통신 가능 상태로 만드는 것을 의미한다.

두 번째, 불필요한 통신을 하지 않고 곧 바로 원하는 메시지를 발송하는 방식을 '비동기식 통신(asynchronous communication)'이라 한다. 비동기식 통신에서는 상대방이 통신할 준비가 되었는가를 확인하는 '동기화' 과정이 생략된다는 것이다. 즉, 통신을 원하는 송신자는 수신자에게 원하는 순간에 바로 메시지를 전송하는 것이다.

창의적으로 생각해봅시다!

(1) 이상과 같은 통신 방식의 차이로 인하여 동기식 통신은 부가적인 비용이 발생하고, 비동기식 통신 방식은 부가적인 비용이 발생하지 않는다.
(2) 이러한 이유로 인하여 동기식 통신은 상대적으로 중요한 메시지를 전송할 때 사용하고, 비동기식 통신은 비교적 저렴한 비용으로 통신을 진행하고자 할 때 사용한다.
(3) 여러분이 음료수 자동판매기의 통신 SW 프로그램 개발자라면 동기식 통신 방식과 비동기식 통신 방식 중에 어떤 것을 적용할 것인가? 그 이유는 무엇인가? 창의적으로 정리해봅시다.
(4) 이러한 상황에서 동기식 통신은 어떤 경우에 적합하고, 어떤 경우에는 불리할 것으로 생각되는가? 다양한 상황을 고려해서 창의적으로 정리해봅시다.
(5) 비동기식 통신은 어떤 경우에 적합하고, 어떤 경우에는 불리할 것으로 생각되는가? 다양한 상황을 고려해서 창의적으로 정리해봅시다.
(6) 컴퓨터 통신은 인간 간의 의사소통과 일맥상통한다고 하였다. 그렇다면 동기식 통신과 비동기식 통신을 인간의 의사소통에 비유할 경우 가장 설득력 있는 비유와 사례는 무엇인가? 창의적으로 정리해봅시다.

5 클라이언트와 서버 컴퓨터는 어떻게 통신을 할까?

그렇다면 네트워크에 연결된 음료수 자동판매기와 서버 컴퓨터 간의 통신 프로토콜은 어떻게 구성될까? 동기식 통신과 클라이언트-서버 컴퓨팅 방식을 적용하였을 때, 가장 기본적인 수준의 약속을 정리하면 다음과 같다.

첫째, 통신을 원하는 곳(클라이언트 또는 서버 컴퓨터)에서 상대방 컴퓨터로 통신을 원한다는 신호(명령어)를 보낸다. 이와 같이 신호를 보내는 행위는 상대방이 통신을 할 수 있는 상태인가를 확인하는 절차이기도 하다. 이 때 보내는 신호는 통신을 하고자 하는 두 곳의 컴퓨터가 미리 약속한 것이기에 특수한 모양을 가질 수 있다.

둘째, 통신을 원한다는 신호를 받은 컴퓨터가 통신이 가능한 상태이면, 통신이 가능하다는 '답신'을 보낸다. 만약에 통신이 불가능한 상태라면, 불가능하다는 '답신'을 보내도 되고, 아무런 행위를 하지 않아도 된다.

셋째, 통신이 가능하다는 신호를 받았다면, 이제부터 본격적인 메시지 전송이 시작된다는 신호와 함께 메시지 전송을 시작한다.

넷째, 메시지 전송이 시작되었다는 신호를 받은 수신자는 송신자가 전송하는 메시지를 수신하기 시작한다.

다섯째, 메시지 전송이 끝나면 송신자는 메시지 전송이 끝났다는 신호를 수신자에게 전송한다.

여섯째, 메시지 전송이 끝났다는 신호를 받은 수신자는 알았다는 신호를 송신자에게 보내고 통신을 종료한다.

창의적으로 생각해봅시다!

(1) 컴퓨터 통신의 핵심은 '약속'이며, 컴퓨터 통신의 약속을 '프로토콜'이라고 하였다.
(2) 지금까지 설명한 클라이언트-서버 통신 방식에서 확인할 수 있는 '약속'을 정리해봅시다.
(3) 지금까지 설명한 클라이언트-서버 통신 방식에서는 송신자와 수신자가 다양한 '신호'를 주고받는 것으로 표현되었다. 여러분이 '통신 프로토콜' 개발자라면 이러한 '신호'들을 어떻게 정의하겠는가? 창의적으로 정리해봅시다.
(4) 음료수 자동판매기 네트워크의 서버 컴퓨터와 일상생활 속에서 사용하는 일반적인 서버 컴퓨터 간의 차이점은 무엇이 있을까? 정교하게 분석한 후에 창의적으로 정리해봅시다.

창의적으로 생각해봅시다!

(1) 우리 생활 주변에서 네트워킹의 사례는 쉽게 찾아볼 수 있다.
(2) 네트워킹 사례 중에서 서버 컴퓨터의 역할은 매우 중요하다. 음료수 자동판매기 네트워크에 연결된 서버 컴퓨터도 예외일 수는 없다.
(3) 음료수 자동판매기 네트워크에서 서버 컴퓨터의 핵심 역할은 무엇일까? 다양한 관점에서 분석한 후에 창의적으로 정리해봅시다.
(4) 음료수 자동판매기 네트워크의 서버 컴퓨터와 일상생활 속에서 사용하는 일반적인 서버 컴퓨터 간의 차이점은 무엇이 있을까? 정교하게 분석한 후에 창의적으로 정리해봅시다.

참고문헌

- 강동철(2017). 쇼핑몰에 무인카페… 로봇 바리스타가 7가지 맛 척척. 조선일보(http://news.chosun.com/). (검색일: 2018. 1. 9.)
- 강성원, 이애정, 이재호(2003). 초등정보과학영재용 프로그래밍 교육(비주얼 베이식을 이용한 접근). 정보교육학회논문지, 7(3), 363-372.
- 강지연, 이재호, 진석언(2011). 수·과학 영재학생을 위한 예술교육 프로그램 실시에 관한 인식 조사 연구. 정보교육학회논문지, 15(3), 469-481.
- 김광찬, 이애정, 이재호(2005). 초등 정보과학영재교육 활성화를 위한 교사의 전문성에 관한 연구. 정보교육학회논문지, 9(2), 281-288.
- 김미숙, 이재호(2005a). 정보과학 영재교육과정. 한국교육개발원(수탁과제 CR 2005-52-1).
- 김미숙, 이재호(2005b). 정보과학 영재교육 교수학습 자료. 한국교육개발원(수탁과제 CR 2005-52-2).
- 김상순(2014). ICT의 시대와 법률의 미래. (사)한국창의정보문화학회 학술발표논문집, 1(1), 49-52.
- 김영정 (2004). 비판적 사고: 비판적 사고와 공학교육. 공학교육, 11(2), 94-101.
- 김은(2014). [비즈 칼럼] 세상 바꾸는 SW … 계속 홀대할 텐가. 중앙일보. 2014. 6. 10.
- 김은환(2012). 핵심인재 확보·양성전략. CEO Information. 제353호. 2012. 6. 19.
- 김위수(2017). KT-농협, 'IoT 스마트판매시스템' 구축…한우·한돈 무인판매. 아주경제(http://www.ajunews.com) (검색일 : 2017. 12. 31.)
- 김진숙(2014). 스마트교육의 미래. (사)한국창의정보문화학회 학술발표논문집, 1(1), 57-74.
- 남영수, 이재호(2010). 사진기반 가상현실 콘텐츠의 설계 및 구현. 정보교육학회논문지, 14(2), 149-156.
- 넥컴박(2017). 세상을 바꾼 아이디어 (25) – 시인의 딸, 세계 최초의 프로그래머가 되다. http://www.thisisgame.com (검색일 : 2017. 12. 31.)
- 류근성, 이애정, 이재호(2004). 초등 정보과학영재들의 정보화 역기능 실태와 개선 방안. 정보교육학회논문지, 8(2), 241-250.
- 류근영, 이애정, 이재호(2005). 초등교사를 위한 원격연수의 질적 향상 방안. 정보교육학회논문지, 9(4), 617-625.
- 류순식(2010). 자판기 진화…"못 파는 게 없네". 부산일보(http://news20.busan.com/). (검색일: 2018. 1. 9.)
- 박기석(2015). [이재호 교수의 'ICT 창의력' 키우는 법] '5가지 원칙'에 맞춰 일상 속 문제 해결해 보세요. 조선일보 맛있는 공부. 2015. 1. 12.
- 박경빈, 류지영, 박인호, 방승진, 육근철, 윤여홍, 이미순, 이선영, 이재호, 전미란, 전영석, 조석희, 진석언(2014). 한눈에 보는 영재교육. 학지사.
- 박경빈, 이재호, 박명순, 이선영, 전미란, 류지영, 안성훈, 변순화(2015). 성공적인 성취자의 심층 면담을 통한 영재교육의 방향성 탐색. 영재교육연구, 25(2), 217-236.
- 박주환, 오성균, 이재호(2001). 학생관계관리 모델을 적용한 홈페이지 개발. 정보교육학회논문지, 5(2), 201-211.
- 삼성경제연구소(2012). 기업 내의 조직 창의성 모델. 삼성경제연구소.
- 손정의(2014). M&A는 시장 치고 나갈 기회 … 그걸 잡는 게 기업가. 중앙일보. 2014. 6. 12.
- 셜리 위-추이(2014). [오피니언] 빅데이터는 21세기 신종 천연자원이다. 중앙일보. 2014. 8. 22.
- 이태정, 이수정, 이재호(2000). 능동 데이터베이스 기반 교육 정보 질의 처리 시스템의 설계 및 구현. 정보교육학회논문지, 4(1), 109-119.

- 이봉규(2014). 이동통신이 가져온 Life Style의 변화. (사)한국창의정보문화학회 학술발표논문집, 1(1), 33-47.
- 이인순, 이수정, 이재호(2001). 초등학교 컴퓨터 교육을 위한 상황학습과 전통적학습의 비교분석. 정보교육학회논문지, 5(1), 145-158.
- 이유진, 이희수(2018). 꽃·피자서 양말까지 '누르면 톡'…자판기 전성시대. 매일경제(http://news.mk.co.kr/). (검색일: 2018. 1. 18.)
- 이재호(2001). 초등정보과학영재교육 프로그램의 개발 방향. (사)한국영재학회 추계학술대회 발표논문집. 151-172.
- 이재호(2002). 과학영재를 위한 전자교재 개발현황 및 활용방안. (사)한국영재학회 추계학술대회 발표논문집. 71-91.
- 이재호(2004). 정보과학영재를 위한 교육 방법에 관한 연구. 경인교육대학교 과학교육논총, 제16집. 369-384.
- 이재호(2006a). 과학영재를 위한 e-Learning 콘텐츠 설계 방법론. 경인교육대학교 과학교육논총, 제19집. 113-125.
- 이재호(2006b). 디지털 시대의 정보교육. 연수정보(29). 27-30. 경기도율곡교육연수원.
- 이재호(2009). 정보과학 영재교육 방안. 영재아이. 6-10. KAGE 교육원.
- 이재호(2009). 국가과학영재 통합정보시스템 중장기 발전방안. 한국과학창의재단 정책연구보고서.
- 이재호(2010a). 데이터베이스 시스템 총론(3판). 도서출판정일.
- 이재호(2010b). 잠재적 영재선발의 방법(관찰추천제를 중심으로). 제1회 영재교육 열린포럼 자료집(한국과학창의재단). 23-28.
- 이재호(2011a). 발명영재 교육 체계화 방안: 발명영재교육의 현 주소 및 발명영재에 대한 다원적 지원 방안. 제1회 지식재산기반 차세대영재기업인 콜로키움. 107-126.
- 이재호(2011b). 융합형 영재교육기관 설립에 관한 연구. 정보교육학회논문지, 15(3), 459-467.
- 이재호(2011c). 이젠 스마트 교육이다. 한국일보 오피니언(기고). 2011. 8. 24.
- 이재호(2011d). SW교육 청소년부터 강화를. 디지털타임즈 DT광장. 2011. 8. 31.
- 이재호(2011e). 스마트교육 성공을 위한 조건. 한국교육신문 시론. 2011. 9. 26.
- 이재호(2012a). 인터넷 게임중독 '재능개발'로 풀자. 한국교육신문 현장칼럼. 2012. 2. 6.
- 이재호(2012b). 융합형 영재교육기관의 교육과정 개발에 관한 연구. 정보교육학회논문지, 16(1), 123-130.
- 이재호(2012c). 융복합 중심의 창조사회에서 발명영재교육의 의미. (사)한국영재학회 추계학술대회 논문집. 29-70.
- 이재호(2012d). 2013년 발명영재 선발도구 개발 사업. 한국발명진흥회 연구보고서.
- 이재호(2012e). 차세대 영재교육 및 발명영재교육 체계화 방안. 영재교육의 새로운 패러다임: 초교과형 발명영재육성. 특허청, 한국발명진흥회. 105-121.
- 이재호(2013a). ICT기반 창의적 인재양성: 사람이 CORE다!. 정보문화포럼 정책세미나. 5-15.
- 이재호(2013b). 〈월요논단〉 ICT기반 창조적 발명인재 양성해야. 한국교육신문. 2013. 7. 22.
- 이재호(2013c). 창조적 발명인재 판별 전략. 2013 창의발명교육 연합학술대회. 353-364.
- 이재호(2013d). ICT기반 창의적 인재양성을 위하여… 과학기술출판. 통권40호. 4-5.
- 이재호(2013e). ICT기반 창의적 인재양성을 위한 교육 모델: CORE^2. 정보문화포럼 정책세미나. 3-23. 2013. 11. 25.
- 이재호(2013f). ICT기반사회에서 발명영재교육. (사)한국영재학회 추계학술대회 논문집. 43-55.
- 이재호(2013g). 2014년 발명영재 선발도구 개발 사업. 한국발명진흥회 연구보고서.
- 이재호(2013h). 창의적 IT인재 육성방안 연구. 한국정보화진흥원 보고서(NIA V-RER-13068).

- 이재호(2013i) ICT 기반 창의인재 양성체제 구축 방안. 정보문화 3.0 시대의 이슈와 제언. 52-82. 정보문화포럼, 한국정보화진흥원.
- 이재호(2014a). 창의적 발명영재의 특성 및 선발방안. 2014 발명교육 컨퍼런스. 161-175.
- 이재호(2014b). 농산어촌 학교의 ICT 교육 패러다임. 17-24. 농산어촌 학교 ICT 활용 가이드북. 교육부.
- 이재호(2014c). 과학영재를 위한 발명특허교육 방안과 과제. 2014 창의발명교육 연합학술대회. 53-64.
- 이재호(2014d). 생활 속 ICT의 발견. 도서출판정일.
- 이재호(2016). SW 언어, 만국 공통어 될 것... 교육 빠를수록 좋아. 소년조선일보. 2016. 6. 29.
- 이재호(2017a). 생활 속 SW 코딩의 발견 ①. 도서출판정일.
- 이재호(2017b). 4차 산업혁명 시대 핵심인재 키우려면. 정책브리핑(korea.kr) 컬럼&피플. 2017. 11. 22.
- 이재호, 김강현, 김원, 박재일, 백승욱, 유경일, 이광재, 장준형(2017). 이재호 교수와 함께하는 CSI 창의융합코딩 -Beginner Course (초급과정)-. 도서출판 정일.
- 이재호, 김강현, 김태훈, 박재일, 백승욱, 유경일, 장준형(2018). 이재호 교수와 함께하는 CSI 창의융합코딩 -Standard Course (표준과정)-. 도서출판 정일.
- 이재호, 김강현, 김태훈, 박재일, 백승욱, 유경일, 장준형, 하희정(2018). 이재호 교수와 함께하는 CSI 창의융합코딩 -Advanced Course (고급과정)-. 도서출판 정일.
- 이재호, 김대현, 손경호, 정진용, 이준록, 문석현, 김병남, 김재웅(2017). 엔트리 게임코딩 바이블 -교과학습 게임메이커 1권-. 도서출판 정일
- 이재호, 김병남, 정진용, 이준록, 문석현, 김재웅, 손경호, 김대현(2017). 엔트리 게임코딩 바이블 -안전교육 게임메이커 2권-. 도서출판 정일
- 이재호, 문석현, 이준록, 김재웅, 손경호, 김대현, 정진용, 김병남(2017). 엔트리 게임코딩 바이블 -전통학습 게임메이커 3권-. 도서출판 정일
- 이재호, 김동현(2017). SW영재의 학업탄력성과 자아상태 비교. 창의정보문화연구, 3(2), 45-54.
- 이재호, 김동흠(2016). 애플리케이션을 활용한 체력관리가 자기 주도적 학습능력에 미치는 효과 분석. 창의정보문화연구, 2(1), 1-8.
- 이재호, 김성일(2015). 플립러닝이 수학 교과의 학업성취도와 수학적 태도에 미치는 영향 분석. 창의정보문화연구, 1(2), 65-73.
- 이재호, 김재웅(2015). 디지털교과서 활용 학습의 효과성 분석 -초등학교 4학년 학생 중심-. 창의정보문화연구, 1(2), 93-100.
- 이재호, 김재웅, 김대현, 문석현, 이준록, 정진용, 손경호, 장준형(2016). 엔트리봇과 떠나는 SW 코딩여행. 도서출판정일.
- 이재호, 김재웅, 김대현, 문석현, 이준록, 정진용, 손경호, 장준형(2017). 엔트리와 떠나는 소프트웨어 코딩여행 : 상상을 현실로. 도서출판정일.
- 이재호, 김종훈(1998). 원격 교육 시스템의 화이트보드 구현 시 고려사항. 정보교육학회논문지, 2(2), 209-214.
- 이재호, 남길현(2009). 초등정보과학영재를 위한 로봇 교육과정의 설계 및 검증. 영재교육연구, 19(3), 669-695.
- 이재호, 류지영, 진석언(2011). 미래사회 영재 판별 방법에 관한 연구. 정보교육학회논문지, 17(1), 63-71.
- 이재호, 박경빈(2013). 초등 정보과학 및 수과학 분야 영재학생들의 ICT 활용실태 분석. 정보교육학회논문지, 13(2), 247-254.

- 이재호, 박경빈, 진석언, 류지영, 이상철, 안성훈, 진병욱(2012). 발명영재상 수립을 위한 발명영재의 특성 이해. 영재교육연구, 22(3), 551-573.
- 이재호, 박경빈, 진석언, 류지영, 안성훈, 진병욱(2013). 3대 핵심역량을 중심으로 한 미래지향적 발명영재상 정립에 대한 연구. 영재교육연구, 23(3), 435-452.
- 이재호, 박경빈, 진석언, 전미란, 류지영, 이행은, 이윤조, 이경표(2014). 발명영재교육의 정체성 및 필요성에 대한 교사들의 인식. 영재교육연구, 24(4), 597-612.
- 이재호, 배기택(2010). 초등정보과학영재를 위한 리더십 교육내용의 설계 및 검증. 영재교육연구, 20(1), 79-106.
- 이재호, 손찬희, 안성훈, 안경진, 정광훈(2013). 전원학교 교수학습지원시스템 활성화를 위한 교수학습모형 개발. 한국콘텐츠학회논문지, 13(5), 506-516.
- 이재호, 신현경(2014). 모바일 비디오기기 위에서의 중요한 객체탐색을 위한 문맥인식 특성벡터 선택 모델. 인터넷정보학회논문지, 15(6), 117-124.
- 이재호, 신현경, 박희균(2015). 과학중점 고등학교에서의 SW동아리 활동 실태 분석. 영재교육연구, 25(6), 971-987.
- 이재호, 심재권(2018). 국외 과학문화콘텐츠 분석을 통한 개발 방향 연구. 창의정보문화연구, 4(1), 1-12.
- 이재호, 안성훈(2009). 유러닝을 위한 사이버교육시스템 개선 방안 -방송통신고등학교 사이버교육시스템을 중시으로-. 정보처리학회지, 16(5). 95-101.
- 이재호, 오현종(2009). 초등정보과학영재를 위한 알고리즘 교육내용의 개발 및 검증. 영재교육연구, 19(2), 353-380.
- 이재호, 이재수(2006). 초등정보과학영재 선발을 위한 평가 문항의 개발에 관한 연구. 영재교육연구, 16(1), 81-100.
- 이재호, 이호(2009). 동영상 UCC의 교육적 효과 분석. 정보교육학회논문지, 13(2), 247-254.
- 이재호, 장준형(2017a). 과학영재용 소프트웨어 코딩기반 메이커 교육 프로그램의 개발. 영재교육연구, 27(3), 331-348.
- 이재호, 장준형(2017b). 소프트웨어 코딩기반 메이킹 역량 연구. 창의정보문화연구, 3(2), 81-92.
- 이재호, 장준형, 김원, 박재일, 김재웅, 김대현, 문석현, 이준록, 정진용, 손경호(2016). 소프트웨어 코딩 기반 창의융합형 메이커교육. 도서출판2in1.
- 이재호, 장준형, 신현경(2017). 소프트웨어 영재상 정립을 위한 초등교사의 인식 조사. 영재교육연구, 27(1), 97-118.
- 이재호, 장준형, 심재권, 권대용(2018). 소프트웨어 영재상 정립 연구. 창의정보문화연구, 4(1). 69-81.
- 이재호, 진석언(2015). 영재교육에서의 ICT 교육 도입에 대한 교사들의 인식. 영재교육연구, 25(2), 261-277.
- 이재호, 진석언, 류지영(2010). 창의·인성을 갖춘 미래사회 영재 판별 방법 연구. 한국과학창의재단 정책연구보고서.
- 이재호, 진석언, 신현경(2016a). ICT기반 창의인재상 정립에 관한 연구. 인터넷정보학회논문지, 17(5), 141-160.
- 이재호, 진석언, 신현경(2016b). 과학영재를 위한 ICT 핵심역량 교육에 대한 전문가 인식 조사. 인터넷정보학회논문지, 17(6), 143-152.
- 이재호, 전미란, 류지영, 신현경, 진석언, 소정, 이경표(2017). 차세대영재기업인 창업경험에 대한 현상학적 연구. 영재교육연구, 27(4), 481-503.
- 이재호, 전미란, 진석언(2016). 사이버 교육에 대한 과학고 교사의 인식 조사. 영재교육연구, 26(4). 635-652.
- 이재호, 정누리(2015). 초등 정보과학영재의 귀인성향과 정보과학에 대한 태도와의 관계에 대한 조사연구. 영재교육연구, 25(4), 547-563.
- 이재호, 최승희(2014). 초등정보과학영재와 일반학생의 진로발달 및 직업관 인식에 대한 조사 연구. 영재교육연구, 24(4), 613-628.

- 이재호, 하희정(2016). SW코딩기반 메이커교육용 교수-학습 모형의 효과성 검증. 창의정보문화연구, 2(2), 56-72.
- 이재호, 한광희(2010). 정보과학영재와 일반아동 집단에서 인터넷 중독에 영향을 미치는 위험요인과 보호요인의 차이점 분석. 영재교육연구, 20(3), 1005-1026.
- 이재호, 홍창의(2009). 사이버영재교육을 위한 교수-학습 모형의 개발 및 검증. 영재교육연구, 19(1), 116-137.
- 우영진, 이재호(2018). 디자인 씽킹 기반 메이커 교육 프로그램 개발과 적용. 창의정보문화연구, 4(1). 35-43.
- 오마이뉴스(2015). '세계 최초 자동차 자판기' 이렇게 생겼다. (http://www.ohmynews.com). (검색일: 2018. 1. 9.)
- 유명준(2017). [밀물썰물] 자판기의 진화. 부산일보(http://news20.busan.com/). (검색일: 2018. 1. 9.)
- 엄정화, 이재호(2003). 웹기반 과정 중심 독서 교육 시스템의 설계 및 구현. 정보교육학회논문지, 7(1), 57-68.
- 장준형, 이재호(2008). ICT 학습부진아를 위한 교수-학습 시스템의 설계 및 구현. 정보교육학회논문지, 12(4), 427-436.
- 조현진(2017). [STORY] '갑질 없는 착한 커피' 임은성 커피에 반하다 대표. 중부일보(http://www.joongboo.com/). (검색일: 2018. 1. 9.)
- 정아람(2017). 구글 최신 AI 알파제로, 체스 4시간 장기 2시간 만에 정복. 중앙일보(http://news.joins.com). (검색일: 2018. 3. 23.)
- 정보통신산업진흥원(2010). 미국 정보통신 시장 분석. 정보통신산업진흥원.
- 정보통신산업진흥원(2013). ICT 통계월보. 정보통신산업진흥원.
- 정범모(2012). 창의의 풍토. 제1회 학제간 학술포럼 창의성과 사회발전. 3-17. 한국행동과학연구소.
- 최경호, 이수정, 이재호(2001). Web기반 원격교육에서 학습자 분석 시스템의 설계 및 구현. 정보교육학회논문지, 5(1), 17-31.
- 최영섭(2013). 창의성의 사회적 차원: 창의인재 논의의 정책 지평 확대를 위한 이론적 검토. The HRD Review. 8-33.
- 최원국(2017). 자판기야, 헌책 다오. 조선일보(http://news.chosun.com/). (검색일: 2018. 1. 9.)
- 최진탁(2014). 융·복합 지식사회의 미래. (사)한국창의정보문화학회 학술발표논문집, 1(1), 13-32.
- 최상덕 외(2011). 21세기 창의적 인재 양성을 위한 교육의 미래전략 연구. 연구보고 RR 2011-01. 한국교육개발원.
- 최훈 (2010). 김영정 교수의 비판적 사고론. 논리연구, 13(2), 1-26.
- 한국교육개발원(2013). 2012 영재교육 통계 연보. 한국교육개발원.
- 한국교육학술정보원(2012). 2012 교육정보화 백서. 한국교육학술정보원.
- 한국인터넷진흥원(2011). 2011년 인터넷이용실태조사, 한국인터넷진흥원.
- 한국인터넷진흥원(2013). 창조경제패러다임과 ICT 정책 방향. 한국인터넷진흥원.
- 한국전자정보통신산업진흥회(2013). 2012년 정보통신부문 인력동향보고서. 한국전자정보통신산업진흥회.
- 허자경(2014). 로봇記者가 기사·편집 척척... 날씨·주식·부음 등 단순 기사엔 꽤 쓸만하구먼. 조선일보. 2014. 8. 23-24.
- Amabile, T. M. (1983). The Social Psychology of Creativity. New York: Springer-Verlag.
- Amabile, T. M. (1988). A model of creativity and innovation in organization. Research in Organizational Behavior. 10. 123-167.
- Csikszentmihalyi, M. (1997). Finding flow: The psychology of engagement with everyday life. Basic Books.
- Craft, A. (2001). 'Little c Creativity' in Craft. Jeffrey and Leibling (eds).
- Denning, P. J. (2009). The profession of IT Beyond computational thinking. Communications of the ACM, 52(6),

- 28–30. doi: 10.1145/1516046.1516054.
- Denning, P. J. (2010a). The great principles of computing. American Scientist, 98(5), 369–372. Retrieved from http://www.americanscientist.org/libraries/documents/20108101750328103-2010-09Denning-ComputingScience.pdf.
- Denning, P. J. (2010b). Ubiquity symposium 'What is computation?': Opening statement. Ubiquity, 2010(November), 1. doi: 10.1145/1880066.1880067.
- Doron Swade(2001). The Cogwheel Brain : Charles Babbage and the Quest to Build the First Computer. Abacus; New Ed edition.
- Ellis Horowitz(1984). Fundamentals of Programming Languages. Computer Science Press.
- Gardner, H.(2008). 5 Minds for the Future. Harvard Business School Publishing, Cambridge, MA.
- Lee, J., Jin, S., Park, K., Ryu, J., Chun, M.(2012). An International Comparison of the Lifestyle and IT Usage of Gifted Students. Giftedness 2012. Asia Pacific Conference on Giftedness. Dubai, UAE, 14–18 July, 2012.
- Lee, J., Jang, J., Shin, H., Shim, J., Kwon, D.(2017). Exploring the Components of Core Competencies on Establishing the Concept of SW Gifted Persons. 101–102. 30th International Academic Conference, Venice, 24–27 April 2017.
- Lee, J., Shim, J., Shin, H., Lee, G., Lee, J.(2017). Strategy for Excavating Best Practice of Scientific and Cultural Contents. 134–135. 34th International Academic Conference, Florence, 13–16 September 2017.
- Park, K., Lee, J.(2010). Learning Models for Cyber Education in Gifted Education. GIFTED 2010. 11th Asia Pacific Conference on Giftedness. Sydney, Australia, 29 July–1 August, 2010.
- Park, K., Lee, J.(2011). Explorative Study on the Effects of STEAM Education. 2011 TERA International Conference on Education, Kaohsiung. Taiwan, 15–18 December, 2011.
- Park, K., Lee, J., Jin, S.(2012). The History and Future of Gifted Education in Korea. Giftedness 2012. 12th Asia Pacific Conference on Giftedness. Dubai, UAE, 14–18 July, 2012.
- Park, K., Lee, J., Jin, S.(2013). Exploring Effective Gifted Education Models through Analyzing Significant Experiences of Eminent People in Korea. ICTDE 2013. 3rd International Conference on Talent Development & Excellence. Antalya, Turkey, 25–28 September, 2013.
- Lubart, T. I. (1994). Creativity. In E. C. Carterette & M. P. Friedman (series Eds.) & R. J. Sternberg (Vol. Ed.), The handbook of perception and cognition: Vol. 12. Thinkimg and problem solving. New York: Academic Press.
- Marc Andreessen(2011). Why Software Is Eating The World. The Wall Street Journal. 2011. 8. 20.
- Mumford, M. D., Hester, K. S., and Robledo, I. C. (2012). Creativity in Organizations: Importance and Approaches. in Mumford (ed).
- National Research Council (NRC) (2010). Report of a workshop on the scope and nature of computational thinking. Washington, DC: The National Academies Press. Retrieved from http://www.nap.edu/catalog.php?record_id=12840.
- National Research Council (NRC) (2011). Report of a workshop on the pedagogical aspects of computational thinking. Washington, DC: The National Academies Press. Retrieved from http://www.nap.edu/catalog.

- php?record_id=13170.
- Niklaus Wirth(1976). Algorithms + Data Structures = Programs. Prentice-Hall.
- Sternberg, R. J.(2003). Wisdom, intelligence, and creativity synthesized. Cambridge University Press.
- Sternberg, R. J., Kaufman, . C., & Pretz, J. E. (2002). The propulsion model of creative contributions applied to the arts and letters. Journal of Creative Behavior, 35(2), 75-101.
- Cho, S., Lee, J., Hwang, D. J.(2006). Goodness of IT Creative Problem Solving Test for Identification of the Gifted in IT. I Simposio Internacional Atlas Capacidades Intelectuales, November 2-4, 2006.
- Trilling, B. & Fadel, C.(2009). 21st Century Skills. Jossy-Bass.
- Wikipeida(2017). Ada Lovelace. https://en.wikipedia.org/wiki/Ada_Lovelace (검색일 : 2017. 12. 20.)
- Wing, J. M. (2006). Computational thinking. Communications of the ACM, 49(3). 33-35. doi: 10.1145/1118178.1118215.
- Wing, J. M. (2008). Computational thinking and thinking about computing. Philosophical Transactions of the Royal Society A: Mathematical, Physical and Engineering Sciences, 366(1881). 3717-3725. doi: 10.1098/rsta.2008.0118.
- 서울 선진 교통시스템, 콜롬비아 보고타시 수출. http://www.seoulcity.co.kr/news/
- 영국 교육부 http://www.education.gov.uk
- http://www.cctoday.co.kr/news/articleView.html?idxno=75830
- 창의력이 곧 경쟁력, 잠자는 창의성을 깨워라!
- (http://inside.chosun.com/site/data/html_dir/2014/02/11/2014021103317.html)
- 한국정보화진흥원 IT역사자료관
- 핀란드, 초등학교 SW코딩 교육 도입…왜? 2013.11.18. http://www.zdnet.co.kr/news/
- HR 아이디어 노트(http://hrkid.tistory.com/11)
- LG CNS, 말레이시아 우정공사 우편물류 솔루션 수출. http://www.etnews.com/news/
- http://csedweek.org/resource_kit/posters
- http://www.bmw-carit.com/
- http://online.wsj.com/news/articles/
- http://autotimes.hankyung.com/apps/news
- http://statsheet.com/statblogs_mlb/
- http://ko.wikipedia.org/wiki/
- http://www.cctoday.co.kr/news/
- http://web.cfe.org/databank/